T0274906

EL MÉTODO TIMEBOXING

EL MÉTODO
TIMEBOXING

El poder de hacer una cosa a la vez

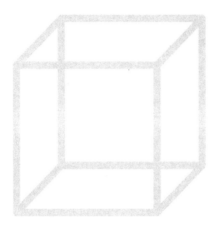

Marc Zao-Sanders

Traducción de Rocío Daniela Pereyra

TENDENCIAS

Argentina – Chile – Colombia – España
Estados Unidos – México – Perú – Uruguay

A mi mamá, por literalmente todo.

Palabras clave	Intención; agencia; serenidad; calma; libertad; agobio; enfoque; *mindfulness*; reflexión profunda; flujo; colaboración; planear; confianza; lista de tareas pendientes; calendario; enviar; madrigueras de conejo; hábito; descanso; sueño; poder superior; simplicidad
Cantidad de palabras	54262
Tiempo de lectura	271 minutos

Lo único que podemos decidir es qué hacer con el tiempo que se nos ha dado.

—Gandalf

Nota de la traductora

El término «*timeboxing*» en inglés se compone de dos partes: «*time*», que significa tiempo, y «*boxing*», una forma del verbo to box, que en español puede interpretarse como «encajonar» o «encasillar». Así, *timeboxing* podría entenderse como «encasillar el tiempo» o «encajonar el tiempo», si lo tradujéramos de manera literal. Para mantener la precisión y evitar confusiones, se ha decidido mantener el término original en inglés a lo largo de este libro.

Índice

PARTE TRES – EJECUTAR

PARTE CUATRO – ADOPTAR

Introducción

La caótica manera en que trabajamos y vivimos no nos acerca a la preciada vida que elegimos y anhelamos. Este libro trata sobre una práctica que sí lo hace. Y esa práctica se llama *timeboxing*.

POR QUÉ LO ESCRIBÍ

Empecé mi carrera hace más de veinte años. En ese entonces, no tenía control sobre absolutamente nada: recibía las órdenes que llegaban y respondía al que gritara más fuerte. Tenía una lista de tareas pendientes, pero no sabía muy bien cómo priorizarlas. Cometía errores básicos, dejaba trabajos urgentes sin terminar y todo el tiempo me enfrentaba a críticas y reproches. Después de varios meses de sufrimiento, ideé un sistema sencillo (que llamé plan diario de trabajo): seleccionaba las tareas prioritarias dentro de mi lista de pendientes, las trasladaba a una hoja de cálculo, estimaba cuánto tiempo me llevarían (en unidades de 7,5 minutos, para que se acumularan en cuartos, medias y horas enteras) y las marcaba como completas al finalizarlas.

Eso me ayudó muchísimo. Resolvía las tareas importantes y podía ajustar el sistema a medida que avanzaba, sentía que tenía más control y tenía la sensación de estar logrando cosas (la hoja de cálculo revelaba cuántas horas productivas trabajaba cada día), y tenía un registro digital y fácil para buscar mis tareas cotidianas.

Pero le faltaba mucho para ser perfecto. Tenía que forzar la hoja de cálculo para que se ajustara a compromisos existentes como reuniones. Mis colegas no tenían acceso al archivo (esto fue a principios de los 2000, antes de la llegada de Dropbox y Google Drive) y, claramente, no tenía forma de invitar a alguien para que viera los detalles detrás de un ítem específico. Pero, lo que era más importante, las tareas que estaban plasmadas en la hoja de cálculo no guardaban una relación con las horas del día si no se la manipulaba y organizaba: no quedaba claro qué debería estar haciendo en un determinado momento y tampoco si estaba al día con mis tareas o no.

Hace poco más de diez años, me topé con un artículo de Daniel Markovitz en la revista *Harvard Business Review*[1] que sugería que trasladar la lista de tareas pendientes a un calendario tendría un efecto transformador en la productividad. Según Markovitz, las listas de tareas por sí solas eran abrumadoras, resultaba difícil establecer una prioridad entre ellas, carecían de contexto y no cumplían la función de que el dueño se comprometiera a hacerlas. Un calendario compartido abordaría todos esos problemas. Esa idea me quedó dando vueltas. Entonces, a principios del 2014, empecé a adoptar el método todos los días y le di el nombre de *timeboxing*. Lo primero que hacía cada mañana era dedicarle quince minutos a decidir qué tareas hacer y cuánto tiempo me llevaría hacerlas para luego registrar todo en mi calendario de Google.

Y eso revolucionó la dinámica por completo.

Estaba al día con todas mis tareas. Sabía lo que hacía y estaba seguro de que me estaba concentrando en las tareas correctas. Mejoré a la hora de prever cuándo las completaría y, en consecuencia, podía aceptar o rechazar nuevos trabajos con fundamentos y confianza. En los momentos de incertidumbre o agobio, me refugiaba en un mantra que había creado: «Vuelve al calendario», que se convirtió en una constante fuente de luz cuando la necesitaba. Cuando comencé mi propio negocio, quería ser un CEO transparente y atento. El timeboxing me permitió dar el ejemplo gracias a un registro abierto y compartido de las actividades que había hecho y las que estaba haciendo para que todo el equipo lo pudiera ver.

Y fui mejorando. Al repasar los últimos diez años de mi historial en el calendario, noto una evolución reconfortante, conmovedora e instructiva en mi aplicación del método: los espacios libres en la jornada laboral disminuyeron, el tamaño de los timeboxes se regularizó, los nombres se pueden reconocer con más facilidad, empecé a usar colores para codificarlos y de esa forma visualizar rápidamente cuánto tiempo dedicaba a las diferentes áreas de mi vida. Cuando vi que este enfoque sistemático también podía ser útil fuera del trabajo, incorporé más y más horas no laborales al timeboxing. Cambió todo, de verdad.

El método influyó de manera significativa en mi actividad diaria, ya que determinaba cuándo y cómo llevaba a cabo la mayoría de las tareas mientras estaba despierto. Se volvió indispensable.

Pasaron cinco años y cada vez me sentía más cautivado por esta nueva forma de vida, así que quería que los demás también se beneficiaran de ella. Por eso escribí un artículo para *Harvard Business Review (HBR)* sobre el tema.[2] Dado que en ese entonces ya llevaba aplicando timeboxing varios años, pude observar más beneficios que lo hacían aún más poderoso: ver proyectos que estaban clasificados según su color rápidamente, mostrarles a los demás en qué estaba trabajando y en qué momento, llevar un registro útil de todo lo que había hecho, sentirme y estar en control y simplemente hacer el trabajo más rápido. El artículo estuvo en la lista de los Más Populares de *HBR* durante varios años. Me escribieron muchos lectores. La mayoría lo hacía para decirme que la idea les interesaba y que la probarían. Algunos me dijeron que llevaban utilizando el método hacía tiempo y se alegraban de saber que tenía un nombre. Un padre soltero me contó que le había ayudado a sobrellevar momentos en los que la vida parecía imposible. ¡Incluso Markovitz se puso en contacto! Y muchos directamente me preguntaron cómo implementar el método.

Y eso no es todo. En el 2022, un emprendedor de TikTok realizó un vídeo[3] en el que exponía los beneficios del método y destacaba mi artículo. En cuestión de semanas, alcanzó las diez millones de vistas. La respuesta al vídeo confirmó el interés que despierta todo lo que el timeboxing tiene para ofrecer.

Sabía que miles de altos directivos cuentan con asistentes personales que lo aplican por ellos todos los días, con el fin de gestionar sus calendarios y aumentar los niveles de producción, comodidad y felicidad. Algunos de los personajes más relevantes de la historia, como Carl Jung, Albert Einstein, Bill Gates y Mary Callahan Erdoes, han utilizado alguna variante de esta práctica.

Al parecer, el concepto resultó atractivo para una amplia audiencia, desde los TikTokers de la Generación Z hasta los padres ocupados, ejecutivos de negocios y algunos de los líderes e iconoclastas más importantes del mundo.

⌘ ⌘ ⌘

Cada día hábil, alrededor de mil millones de profesionales del conocimiento se despiertan y se dirigen hacia una pantalla pixelada, donde procesan información durante ocho horas o más. El trabajo es infinito. La cantidad de opciones sobre qué tarea abordar es infinita. Además, se suman nuestras tareas y responsabilidades no laborales, cada una con su propio nivel de urgencia e importancia, que de alguna manera deben encajar en algún lado.

Todo el tiempo nos enfrentamos a un mar de posibilidades aparentemente sin importancia, lo cual nos afecta de diferentes maneras. La abundancia de opciones nos fatiga y reduce nuestra capacidad para tomar decisiones acertadas.[4] Nos da miedo perdernos todas las cosas que *podríamos* estar haciendo según lo que vemos en las redes sociales. Los algoritmos maliciosos e invisibles influyen notablemente en la calidad y la naturaleza de la experiencia moderna, y justo cuando logramos liberarnos de ellos, nos llenan de notificaciones inoportunas que no solicitamos y nos vuelven a atrapar. Fallamos a la hora de darles espacio a los hábitos y las actividades que nos guiarán hacia lo que de verdad anhelamos: desarrollo personal, una carrera exitosa, relaciones gratificantes, buena salud… en resumen, una vida feliz y con intención.

Muchos de nosotros nos sentimos más confundidos, desorientados, agotados, ansiosos o deprimidos de lo que deberíamos. Y eso afecta a las personas más privilegiadas de la Tierra.

En respuesta a eso, se han escrito miles de libros y artículos sobre productividad y gestión del tiempo, cada uno con su enfoque particular, que a menudo se entrelaza con otros: hábitos, *checklist*, concentración, flujo, energía, priorización, la promesa de hacer más con menos, medidas en contra de la procrastinación, salud mental y espiritualidad. Varios de estos libros ofrecen métodos potentes y se han convertido en *bestsellers*, como: *Céntrate (Deep Work), Indistractable, Four Thousand Weeks, 15 Secrets Successful People Know about Time Management, ¡Tráguese ese sapo!* y *Hábitos atómicos,* por mencionar algunos.

Sin embargo, ninguno de estos libros presenta una guía sostenible y completa para hacer timeboxing. A pesar de reconocer la práctica y coincidir en su eficacia, estos *bestsellers* le dedican solo unos párrafos o páginas.

Así que vi una oportunidad y una responsabilidad para acercarles este método y esta forma de pensar a muchas personas. Este libro presenta al timeboxing como *la* filosofía fundamental de gestión del tiempo, lista y dispuesta a ayudar a las miles de millones de personas que constantemente cargan con el peso de tomar decisiones cada hora de cada día.

Estoy listo y dispuesto a ayudarte.

POR QUÉ ES PARA TI

Déjame adivinar.

Estás ocupado. Sueles sentirte abrumado. Pasas muchas horas al día frente a una pantalla, inmerso en el mundo digital. Posees y utilizas varios dispositivos que te mantienen conectado a esta realidad digital. Al despertar, coges tu teléfono en cuestión de minutos. Y, cada noche, tu teléfono se carga a tu lado, mientras duermes. Disfrutas de tener flexibilidad en el día, posiblemente en tu lugar de trabajo y en las tareas en las que trabajas en un determinado momento. Te gustaría desarrollar tus habilidades, aprender mucho más de lo que haces actualmente. A menudo te encuentras realizando múltiples tareas a la vez, por lo general sin darte cuenta de cómo llegaste a eso, y no te sientes satisfecho con ninguna de ellas. Te cuesta estar al día con los correos electrónicos y las aplicaciones de mensajería y sueles dejar mensajes sin responder. No lees tanto como te gustaría. Llevas las preocupaciones del trabajo a tu casa y las preocupaciones de tu casa al trabajo. Sueles sentirte estresado. No ves a la gente que amas tanto como te gustaría, y cuando lo haces, no estás tan presente como quisieras. Probaste varias técnicas de productividad, pero ninguna te funcionó o perduró. No estás satisfecho con el balance entre tu trabajo y tu vida. Estás cansado. Intuyes que las redes sociales te restan más de lo que te aportan, y sin embargo, las sigues usando.

Desearías tener más tiempo.

Seguramente seas:

- un estudiante que lucha contra la procrastinación y le cuesta cumplir con los plazos;
- un profesional independiente que hace malabares con múltiples clientes y trabajos, que intenta encontrar proyectos nuevos, desarrollar habilidades nuevas y que tiene que perseguir a la gente para que le pague las facturas;
- una persona que tiene un trabajo remoto e intenta administrar tanta libertad y variedad de opciones;
- un creativo que debe acomodar su inspiración y expresión artística a los plazos estrictos y objetivos;
- un atleta, *cross-fitter* o entrenador personal que debe organizar los horarios de entrenamiento y las dietas tanto para sí mismo como para sus clientes;

- un padre que debe encontrar un equilibrio entre el trabajo, la familia y todo lo demás;
- un padre soltero que tiene diversos frentes de batalla y, en apariencia, en todos está solo;
- un escritor que sufre un bloqueo creativo;
- un emprendedor que trata de ganarse la vida mientras intenta que su negocio despegue;
- un jubilado que de repente tiene mucho tiempo, pero no sabe cómo usarlo;
- un gerente de cuentas que siente que no le está dando suficiente atención a ninguno de sus clientes;
- una persona que tiene los rasgos o el diagnóstico definitivo de TDAH y le cuesta concentrarse y prestar atención.

Si bien cada persona tiene un trasfondo, una personalidad y una neurobiología distintos, la receta de la modernidad para la globalización, digitalización e interconectividad ha limitado y homogeneizado en cierta medida la experiencia humana. Todos vivimos la misma vida y atravesamos el mismo sufrimiento.

A todos nos hace falta un poco de orientación. A todos nos gustaría acceder a nuestra mejor versión. A todos nos gustaría desarrollar mejores hábitos. A todos nos gustaría construir sobre nuestros hábitos de trabajo actuales en lugar de hacer un cambio radical. A todos nos gustaría que hubiera una manera simple de lograrlo.

Por eso este libro es para ti.

Las historias de timeboxing alrededor del mundo de la página 271 son la prueba de que no estás solo y que no es tan difícil que las cosas mejoren. Cuentan las experiencias de personas provenientes de diversos continentes y con variados estilos de vida, para quienes este método ha representado no solo una fuente de comodidad y productividad, sino también, en muchos casos, de alegría. Sus historias son la prueba del atractivo que tiene y ojalá a ti te suceda lo mismo.

CÓMO USAR ESTE LIBRO

Este libro se divide en cuatro partes:

- La **PARTE UNO – CREER** trata de que puedas convencerte de que el timeboxing tiene sentido, que funciona y que sus beneficios te cambiarán la vida.
- La **PARTE DOS – PLANEAR** te ayuda a elegir y crear los timeboxes adecuados, en general a la noche o la mañana antes del día que planeas hacerlo. Se concentra en los quince minutos que determinarán las quince horas siguientes.
- La **PARTE TRES – EJECUTAR** es para cuando ya estés dentro de los timeboxes, durante la jornada real de trabajo y la imprevisibilidad de la vida.
- **PARTE CUATRO – ADOPTAR** te anima a convertir el timeboxing en un hábito que perdure y se adapte a cada tercio de tu vida: trabajo, tiempo libre y sueño. Esta sección tiene como objetivo garantizar que te funcione no solo durante meses, sino a lo largo de los años y décadas.

Además de ser un método, el timeboxing es una mentalidad. Es necesario reconocer la importancia de gestionar el tiempo, comprender que puedes cambiar tu comportamiento y apreciar los numerosos beneficios que tiene para ofrecer. En otras palabras, desarrollar una actitud positiva y creer en lo que estás haciendo son aspectos cruciales para que el timeboxing (y, de hecho, cualquier otro cambio de comportamiento significativo) se integre en tu vida. La PARTE UNO – CREER te ayudará a adoptar esa forma de pensar. Una vez que hayas asumido la actitud correcta, necesitarás una explicación clara y sencilla de qué hacer y cuáles son los pasos a seguir. PLANEAR y EJECUTAR te mostrarán con precisión el método. Finalmente, en ADOPTAR, tu mentalidad evolucionará de la adopción a la iteración, y te apropiarás del método a medida que aprendas a adaptarlo a tus requisitos, que están en constante cambio.

Este libro está escrito y diseñado con un enfoque pragmático. Los capítulos son breves y accesibles, con un promedio de menos de dos mil palabras, lo que permite que casi cualquier persona los lea en menos de diez minutos. Estos pequeños fragmentos de tiempo se pueden encontrar con facilidad o se pueden apartar incluso en las agendas más apretadas. Y qué emoción nos da el momento de tachar capítulos, ¿verdad? Cabe destacar que los veinticuatro capítulos de este libro podrían leerse sin problemas en un solo mes, con solo dedicar unos pocos minutos al día. Cada capítulo incluye una infusión pedagógica de metadatos para ayudarte a sacar el máximo provecho. Al principio: palabras clave y una cita para prepararte para lo que viene. Al final: dos conjuntos de incisos, uno para recapitular y revisar, y el otro para hacer una reflexión sobre los distintos aspectos del material.

Timeboxea mientras lees. Sacarás más provecho de este libro y del timeboxing si combinas la teoría con la práctica. En un principio, no serán perfectos, serán demasiado grandes, demasiado pequeños, muchos, pocos. Puede que te sientas inseguro al inicio, pero ganarás confianza rápidamente, y mejorarás más rápido si practicas mientras aprendes y aprendes mientras practicas. El *Capítulo 14 – Este mismo capítulo* está dedicado de manera explícita a esto, pero te aliento a que empieces a experimentar de inmediato. Notarás más rápido aquello que te resulte difícil y podrás buscar ayuda en el texto. Estarás inmerso en él. No hace falta nada sofisticado ni la ayuda de nadie para comenzar a hacerlo, además, hay un inicio rápido en el capítulo 1. El recuento de palabras y el tiempo estimado de lectura al comienzo de cada capítulo hacen que el timeboxing de este libro sea aún más fácil. ¡Ya no tienes excusas! Incluso podrías elegir, en este momento, timeboxear la lectura del primer capítulo, que está a menos de dos minutos. Y si te resistes a esa sugerencia… al menos pregúntate por qué.

A medida que leas y comiences a adoptar la mentalidad y el método del timeboxing y los empieces a aplicar, notarás una serie de cambios. Sentirás que tienes más control sobre tu trabajo. Desarrollarás más autonomía. Podrás estimar con más precisión cuánto tiempo te lleva hacer una tarea. Siempre tendrás una respuesta a la pregunta «¿Qué debería hacer ahora?». Dedicarás menos tiempo a hacer actividades vacías sin importancia y a los comportamientos compulsivos que te perjudican, porque se lo dedicarás a llevar a cabo las intenciones que pensaste con claridad y calma. Utilizarás el tiempo que antes desperdiciabas en una o dos actividades que sí importan: aprender un idioma, retomar el aprendizaje de un instrumento, desarrollar esa habilidad que querías, arreglar un jardín descuidado, reavivar una relación que dejaste de lado. Tus fines de semana y vacaciones se convertirán en lo que quieras que sean. Quizá les hables sobre esto a familiares, amigos, incluso a desconocidos. Pasarás mucho menos tiempo lamentando cómo elegiste gastar tu tiempo. Y, con el tiempo, los beneficios a corto plazo se convertirán en cambios positivos y duraderos.

Te perfeccionarás con el timeboxing mucho antes de lo que yo lo hice. Los diez años de beneficios que yo descubrí a prueba y error podrían ser tuyos en menos de un mes. Mejor aún, desarrollarás tu propia versión, específicamente diseñada para tu contexto y tu vida.

⌘ ⌘ ⌘

Dirijo una empresa de tecnología,[5] que, así como todas las exigencias de la vida, es agotadora y emocionante en igual medida. El timeboxing me ha permitido tener todo bajo un buen nivel de control. Me ayuda a elegir sobre qué debo estar al tanto y cómo hacerlo. En medio del caos cotidiano y las numerosas responsabilidades, me da cierta tranquilidad —un *poder*— abordar una tarea a la vez.

En mi opinión, este método es natural, accesible y puede ser de gran ayuda para lograr más, sentirte mejor y vivir la vida que elijas. Confío en que el timeboxing pueda convertirse para ti en lo que ha sido para mí: una guía transformadora y duradera que le ha aportado la tan necesaria paz y productividad a una vida llena de prisas y caos.

PARTE UNO - CREER

⌘ ⌘ ⌘

La primera parte del libro trata sobre entender lo que es el timeboxing y de que puedas convencerte y motivarte a cambiar lo que decidas hacer y cuándo hacerlo. Pronto entenderás los grandes beneficios que ofrece este método y podrás incorporarlos a tu vida cotidiana.

Solo se piensa con el reloj en la mano y se come con la mirada puesta en la información bursátil. Se vive como si en cualquier momento «fuera a perderse» algo.

—Friedrich Nietzsche

1

Timeboxing es la respuesta

Palabras clave	Definición; cansancio; FOMO (miedo a perderse algo); autonomía; intención; método; mentalidad
Cantidad de palabras	2553
Tiempo de lectura	13 minutos

¿QUÉ ES EL TIMEBOXING?

A menudo, se confunde el timeboxing con otras estrategias de gestión del tiempo similares, como *timeblocking*, *scheduling*, planificación diaria, *single-tasking*, gestión del calendario y *timetabling*.

Pero las definiciones dispares, inconsistentes y superpuestas sobre el timeboxing no son adecuadas para un libro que va a tratar el tema. Resultan insatisfactorias tanto colectiva como individualmente. Propongo que el timeboxing sea el método y la mentalidad de poder:

Seleccionar qué hacer antes de que surjan las distracciones del día; especificar cada tarea en un calendario, indicando cuándo comenzará y terminará; enfocarse en hacer una tarea a la vez; realizar cada tarea a un nivel aceptable (en lugar de buscar la perfección).

Esta definición abarca los elementos más importantes de la práctica: intención, enfoque, logro, orden, conclusión, y la creación de cada timebox en sí. Además, es importante señalar que debemos acotar el tiempo solo cuando tengamos la capacidad para hacerlo. Todas las reglas que creamos (la ley, convenciones de programación, políticas del hogar) como sociedad civilizada son claros ejemplos de lo que implica tomar decisiones de antemano, en un momento de calma cerebral y reflexión (a menudo por parte de un comité que se designó con cuidado), para ayudar a que la vida sea más sencilla a largo plazo. El timeboxing aplica ese mismo principio a una circunstancia especial y específica: tú.

Aunque no sea una definición exacta, otra forma útil de concebirlo es como si fuera una síntesis entre tu lista de tareas pendientes y tu calendario. La lista de tareas pendientes te dice qué hacer. El calendario te dice cuándo hacerlo. La combinación de ambos es más fácil de poner en práctica y más útil que cualquiera de ellas por separado.

Cabe señalar que timeboxing no es lo mismo que *time-blocking*. El *time-blocking* consiste en reservar un período de tiempo para hacer algo. El timeboxing implica hacer *time-blocking + comprometerse a terminar la tarea a tiempo*, dentro de ese bloque. En otras palabras, el *time-blocking* hace hincapié en concentrarse solo en algo; el timeboxing implica concentrarse solo en algo + un objetivo específico.

¿QUÉ PROBLEMAS RESUELVE?

El problema radica en que no gestionamos bien nuestro tiempo. Procrastinamos. Concretamos menos tareas de las que deberíamos. No nos sentimos libres, ni siquiera en nuestro tiempo libre. Nos comprometemos en exceso. Nos invade la ansiedad. Muchos presentamos varias de las características mencionadas en la Introducción.

Hoy en día, nos cuesta administrar bien nuestro tiempo, en especial porque:

- El trabajo del conocimiento es infinito.
- Nos enfrentamos constantemente a numerosas opciones, lo que genera una desagradable presión para elegir con sensatez. Además, gran parte de las opciones entre las que tenemos que elegir son una porquería; la abundancia de opciones proviene de una sobreabundancia de basura.
- Hemos cultivado el miedo a perdernos algo (FOMO, por sus siglas en inglés), que surge de estar constantemente pendiente de lo que está sucediendo en otro lado, sobre todo a través de las redes sociales.
- Delegamos el control a algoritmos y a otras personas. Hemos perdido gran parte de nuestra libertad y autonomía.[6]
- Disponemos de un tiempo limitado aquí: solo cuatro mil semanas, como señaló Oliver Burkeman. Y para aquellas ocasiones especiales y reducidas, como pasar tiempo con abuelos, nietos, padres o amigos, la cantidad de semanas es incluso menor.

Sin embargo, la pregunta acerca de qué deberíamos hacer en un determinado momento aparece de forma constante. La filosofía ha abordado este interrogante a lo largo de los siglos, desde la *ética* de Platón hasta el *imperativo hipotético* de Kant[7], hasta los existencialistas que se cuestionaban acerca del propósito de estar aquí y qué hacer mientras tanto. Esta pregunta también impregna la ficción, como se puede observar en el comportamiento y la difícil situación que atraviesan personajes como Meursault de Camus (*El extranjero*), *El hombre de los dados* de George Cockcroft, y Didi y Gogo en *Esperando a Godot*, de Beckett.

Hay una lógica simple y convincente en la idea de que nuestra vida es el resultado de la acumulación de nuestras experiencias y que, dado que somos una especie inteligente que goza del libre albedrío, podemos tener injerencia sobre la mayoría de esas experiencias. Elegir de manera sabia conduce a vivir una buena vida, mientras que elegir de manera incorrecta, no. El problema es que solemos tomar decisiones equivocadas. El problema es que no vivimos la buena vida que deberíamos tener.

LAS CARACTERÍSTICAS QUE CONVIERTEN AL TIMEBOXING EN UN MÉTODO EXCEPCIONAL

Algunas de sus características ponen de manifiesto sus virtudes, ya sea como mentalidad o como método.

Para ser claro, las características definen las cualidades del método, es decir, lo que *es*. Por otro lado, los beneficios representan las maneras en que el método mejorará tu vida. En la jerga comercial, las características informan, los beneficios venden. Este capítulo se enfoca en las características del timeboxing, mientras que el resto de esta sección del libro se centra en la evidencia de que funciona (ver *Capítulo 2 – Funciona*) y en los beneficios que aporta a sus seguidores (ver capítulos 3-8).

El timeboxing es **lógico**. Tomamos decisiones de manera sistemática sobre los aspectos más importantes de nuestra vida, les damos prioridad y les dedicamos la atención que merecen. Al hacerlo, nos aseguramos de que la sucesión de experiencias, el uso que le damos a nuestro tiempo, se optimice de forma sistemática, hora tras hora y día tras día. Para quienes lo practicamos, la pregunta es: ¿cómo *no* hacerlo?

El timeboxing es **natural**. En concreto, es una *extensión* natural de lo que ya hacemos. Más o menos la mitad de nuestra vida laboral (las reuniones, los viajes, las sesiones de trabajo cooperativo) y parte de nuestro tiempo libre (una clase de conducir, una película en el cine, un masaje, una cena en un restaurante) ya están preestablecidos, tienen un principio y un fin. Digamos que hay alrededor de cuatro horas de tu jornada laboral y dos de tu tiempo libre que ya están preestablecidas, lo cual da como resultado un total de seis horas. El timeboxing es una simple extensión de eso y, por lo tanto, deberíamos hacerlo de manera natural. Esta práctica implica examinar el resto de las horas que estás despierto (con el ejemplo que he dado antes, quedarían unas diez) y te ayuda a decidir de qué forma podrías sacarle más provecho a ese tiempo. El hábito sería menos abrumador si lo consideras como dar un paso de seis a ocho, diez o doce horas timeboxeadas, en lugar de comenzar desde cero. Dado que ya lo practicas, puedes utilizar los sistemas y procesos que ya conoces, y a lo largo del libro los revisaremos y trataremos de mejorarlos. Lo que quiero decir es que, a diferencia de muchos otros métodos de autoayuda, este no es una práctica extraña que tiene que abrirse paso en una vida repleta de rutinas y comportamientos establecidos.

El timeboxing es **ejecutable**. Agrega un solo elemento a tu calendario, establece la duración adecuada y ya estás listo para arrancar. Lo esencial de este enfoque implica adoptar el método más efectivo, concentrarse plenamente en él y sumergirse de lleno, tratar de aprender a partir de la práctica siempre que sea posible, para que puedas dominarlo y hacerlo propio.

El timeboxing es un **complemento**. En la gestión del tiempo, nos encontramos con varios enfoques que podemos adoptar, y este método no solo se alinea con ellos, sino que es compatible con todos y cada uno de ellos. Si has adoptado la Matriz de Eisenhower (clasificar las tareas en una matriz de 2 x 2 según su importancia y urgencia), puedes incorporar cuanto antes a tu calendario timeboxeado aquellas que son tanto importantes como urgentes. Si aplicas la estrategia de «comer ranas»[8] (realizar las tareas más difíciles al principio del día), puedes programar esas tareas desafiantes al principio de tu calendario. Si prefieres priorizar las «rocas» antes que las «piedritas y la arena» (organizar las tareas más grandes antes que las más pequeñas), puedes encajarlas en consecuencia, comenzando por las más grandes. Si sigues la regla del 80/20 (donde el 80 % de las consecuencias provienen del 20 % de las causas), identificarás las tareas que sean esenciales y las incluirás en tu calendario antes que las triviales. La agrupación de tareas también encuentra su lugar: agrúpalas y luego timeboxea esos grupos. Si tu nivel de energía determina tu productividad, entonces opta por realizar tareas creativas y administrativas, comidas, ejercicios y descansos en los momentos del día que mejor se adapten a tu energía. Si la nutrición forma parte de tu plan de productividad personal, entonces esto te servirá para recordar en qué momento debes tomar un tentempié o beber lo que necesites, cuando lo necesites. El timeboxing es el amigo flexible de cualquier técnica de gestión del tiempo, es el único hábito que puede gobernarlos a todos. (Sin embargo, ten en cuenta que muchas de estas técnicas pueden entrar en conflicto *entre sí*: ¿qué sucede si tu nivel de energía requiere que abordes tareas más grandes *más tarde*? ¿Qué pasa si la clasificación de tareas por dificultad no se alinea a la perfección —y, por supuesto, muchas veces no podrá— con una clasificación por tamaño o importancia?).

El timeboxing es relativamente **desconocido**. En Internet, la gente busca esta técnica mucho menos que otras. Términos como «Matriz de Eisenhower» o «Técnica Pomodoro» reciben muchas más búsquedas que este. Por ahora, formarás parte de un grupo bastante pequeño y especial de timeboxers. El grupo de seguidores que entienden y disfrutan de los beneficios está en constante crecimiento. Además, no es un secreto celosamente guardado para preservar su valor; es una marea que levanta todos los barcos. De hecho, cuantas más personas practiquen este método, mayor será la sincronización colectiva y la armonía colaborativa (ver *Capítulo 6 – Para colaborar*).

PRINCIPIOS FUNDAMENTALES DEL TIMEBOXING PARA QUE PUEDAS EMPEZAR DE INMEDIATO

Sacarás mucho más provecho de las páginas y los capítulos siguientes si practicas timeboxing mientras lees. No puedo abordar todos los beneficios, matices, razones y secretos en el primer capítulo, pero a continuación verás los aspectos esenciales, más allá de la definición, para que te familiarices y experimentes con ellos a partir de mañana o incluso de hoy.

Necesitarás adoptar la mentalidad adecuada. Necesitarás tener una actitud positiva y creer que puede funcionar. El hecho de que estés sosteniendo este libro entre tus manos y hayas llegado hasta aquí quiere decir que vas por buen camino. Ten en cuenta que los capítulos restantes de la Parte Uno ofrecerán más pruebas acerca de la amplia variedad de beneficios del timeboxing.

En cuanto al método, hay dos actividades que funcionan como el conjunto que lo conforma: planear y hacer, y corresponden a las partes Dos y Tres respectivamente. A continuación, verás qué necesitas para cada una de ellas:

PLANEAR (ANTES DEL DÍA)

- Resérvate un plazo de tiempo (pueden ser unos quince o treinta minutos) antes de sumergirte en la rutina diaria, para determinar cuáles son las tareas más cruciales que debes completar.
- Programa un evento diario (mejor si es digital) en tu calendario para esta sesión de planificación, a primera hora de la mañana (o a última hora de la noche anterior). Haz que el evento se repita para que nunca lo olvides.
- Revisa tu lista de tareas pendientes. Si no tienes una, ¡hazla! Las listas de tareas pendientes nutren el timeboxing y cuanto

mejor sea la lista, más efectiva será la implementación del método.

- Selecciona algunas de las tareas más importantes de esa lista y vuélcalas en el calendario. Intenta estimar con la mayor precisión posible cuánto tiempo te llevará hacerlas. No te preocupes por el orden por ahora, solo inclúyelas.
- Lo importante es dar el primer paso, cometer errores y aprender rápido. Es completamente normal que, al inicio, subestimes o sobreestimes el tiempo necesario.

HACER (DURANTE EL DÍA)

- Sé puntual.
- Aléjate de las distracciones, la más peligrosa de todas es tu teléfono.
- Sigue el plan establecido. Evita cuestionarte y desestimar las decisiones previas. A menos que surja una emergencia, confía en las decisiones que tomaste con calma y claridad durante la planificación; por lo general, son mejores que las decisiones que nacen en medio del caos diario.
- Termina a tiempo. Cumple con las tareas asignadas. No dejes que la búsqueda de la perfección obstaculice lo bueno. En general, lo bueno suele ser suficiente.
- Intenta compartir tus logros al concluir cada timebox. Esto crea una presión positiva para completar la tarea y hacerla bien para poder compartirla; verás que es importante cumplir con esta pauta.
- Es probable que te distraigas y te desvíes del camino. Es inevitable. Y, cuando eso ocurra, practica volver a concentrarte en el timebox (vuelve al calendario), retoma la tarea original. Con el tiempo, las distracciones disminuirán y serán más cortas.

El tema sobre el cual estás leyendo, el timeboxing, es perfecto para que lo empieces a experimentar en el camino. Cada mañana, al despertar, tienes una nueva oportunidad para poner a prueba lo que has aprendido, ajustarlo, experimentar con él, cuestionarlo y apropiártelo. ¡No dejes pasar esta oportunidad! Para empezar, podrías probar a hacerlo *cada dos días* (por ejemplo, lunes, miércoles y viernes o martes y jueves). Este tipo de plan te permitirá contrastar una vida haciendo timeboxing frente a una sin hacerlo. Es probable que pronto sientas la necesidad de aplicar el método incluso en los días no planificados.

⌘ ⌘ ⌘

Ahora deberías tener claro qué es el timeboxing y las características «fuera de la caja» que lo definen, por así decirlo. Has recibido numerosos incentivos para que empieces a implementarlo de manera gradual.

En los próximos capítulos, podremos ver más pruebas de su eficacia y algunos de los beneficios que te brindará. Confío en que la combinación de las virtudes del timeboxing y sus beneficios te persuadirán de que tienes frente a ti un método excepcional. No es otra técnica para tener más productividad. Ni siquiera es una de las mejores técnicas de gestión del tiempo. Es la mejor de todas, la mejor de todos los tiempos (la GOAT, por sus siglas en inglés). Quizás incluso sea la mejor manera de vivir tu vida.

Recapitulemos

- El problema que aborda el timeboxing es la falta de una gestión adecuada del tiempo.
- Hacer timeboxing implica:
  - seleccionar qué hacer antes de que surjan las distracciones diarias;
  - especificar cada tarea en el calendario, marcando el inicio y el final;

- concentrarse en hacer una cosa a la vez;
- realizar cada tarea a un nivel aceptable (en lugar de buscar la perfección).

- En cierta medida, el timeboxing es la combinación de una lista de tareas pendientes y un calendario.
- Podrás asimilar más rápido la mentalidad y el método, y sacar mayor provecho de este libro si experimentas a medida que avanzas en la lectura.

Reflexionemos

- ¿Cómo concebías el timeboxing antes de decidir leer este libro?
- Si eligieras uno de los otros métodos de productividad, ¿cómo lo combinarías con el timeboxing?
- ¿Cuántas de las dieciséis horas que estuviste despierto ayer consideras que aprovechaste?
- A continuación encontrarás una lista de las diez técnicas de gestión del tiempo más populares y algunos consejos. El timeboxing se conecta de alguna manera con todas ellas y se entrelaza con ocho. ¿Cuáles ocho?[9]
  - Priorizar tareas
  - Crear una lista de tareas pendientes
  - Usar un calendario
  - Establecer plazos
  - Programar descansos
  - Delegar tareas
  - Eliminar distracciones
  - Controlar el tiempo que dedicas a hacer una tarea
  - Desglosar las tareas grandes
  - Sacar provecho de la tecnología

Es un error garrafal teorizar sin disponer todavía de todas las pruebas. Altera el juicio.

—Sherlock Holmes

2
Funciona

Palabras clave	Confianza; credibilidad; pruebas; ciencia; evidencia; creencia; intención; meta; intención de implementación; compromiso
Cantidad de palabras	2624
Tiempo de lectura	13 minutos

El timeboxing funciona. Y lo sé porque me funcionó a mí y a muchas otras personas. Como ya he mencionado antes, tú también tendrás que creerlo para que te animes a probarlo y luego incorporarlo a tu vida. Así que, dediquemos un capítulo y menos de diez minutos para evaluar la evidencia y ver si te resulta convincente.

LA CIENCIA Y LAS INTENCIONES DE IMPLEMENTACIÓN

La mayoría de las técnicas de gestión del tiempo se basan en fuertes corazonadas en vez de en la ciencia dura. El timeboxing se basa en ambas. Varios artículos científicos, liderados principalmente por Peter Gollwitzer[10] en la década de 1990, indican que establecer intenciones con anticipación aumenta de manera significativa la probabilidad de alcanzar una meta.

Gollwitzer introdujo el concepto de la *intención de implementación*, que vendrían a ser planes del tipo «si me encuentro con la situación *x*, entonces llevaré a cabo la conducta *y*». Son planes más detallados y tangibles que la noción más abstracta de tener la intención de *alcanzar una meta* («intentaré lograr *x*») y constituyen los hitos que conducen a la meta final. Además, las intenciones de implementación son más prácticas y útiles, ya que especifican cuándo, dónde y cómo se va a llevar a la acción la meta propuesta.

El timeboxing es una especie de intención de implementación. Tú eres el que especifica qué, cuándo y dónde al aplicarlo de forma adecuada. Y un timebox bien planificado (hecho con cuidado e intención y no bajo presión) será la garantía de que, una vez finalizado, habrá contribuido al logro de una meta valiosa. De esta forma, establecí una conexión entre el timeboxing y las intenciones de implementación mientras observamos la evidencia científica para estas últimas. Un calendario digital timeboxeado constituye el estímulo digital indicado (el calendario, sincronizado en varios dispositivos) para que nosotros, trabajadores del conocimiento modernos, alcancemos nuestras metas.

Entonces, ¿cuál sería la evidencia que sustenta las intenciones de implementación? Pues bien. Según diversos estudios independientes (a los cuales se hace referencia en el artículo de Gollwitzer) queda demostrado que incluir una intención de implementación propicia una mejora sustancial en los resultados:

- En uno de los estudios, se le pregunta a un grupo de estudiantes universitarios acerca de la cantidad de proyectos que terminaban durante el receso vacacional. Para aquellos proyectos que presentaban más dificultades, el 67 % de los participantes que habían establecido una intención de implementación tuvieron éxito, en comparación con solo el 25 % que no lo hizo.

- En otro estudio que se llevó adelante con estudiantes, se les pidió que escribieran un informe sobre cómo pasaron su Nochebuena. A la mitad se les indicó que especificaran en el cuestionario cuándo y dónde tenían la intención de escribir el informe dentro del período de cuarenta y ocho horas (es decir, que hicieran un timebox), mientras que la otra mitad no recibió tal instrucción. El 75 % de los estudiantes a los que se les pidió que lo hicieran para realizar la tarea enviaron el informe, mientras que solo el 33 % de los que no recibieron la instrucción lo hizo. Esto indica el gran efecto que tiene la simple indicación de *pedirle* a alguien que haga uno. El efecto de hacer timeboxing por completo, es decir, seleccionar y planificar cada timebox *por nuestra cuenta*, seguro que será aún mayor.

- Por otro lado, en un ámbito completamente distinto, se efectuó un estudio que involucró a mujeres que se habían propuesto la meta de hacerse un autoexamen de mama durante el siguiente mes. Entre las participantes que se propusieron una intención de implementación, el 100 % realizó el autoexamen, mientras que solo el 53 % de aquellas que no fijaron una intención lo llevaron a cabo.

- También se obtuvieron resultados igual de impresionantes en sectores críticos de la población, como aquellas personas en proceso de rehabilitación por adicción a las drogas, pacientes esquizofrénicos y pacientes con daño en el lóbulo frontal. Estos individuos han experimentado mejoras significativas en las tasas de recuperación al establecer intenciones de implementación.

- De acuerdo a un estudio[11] de 2023, las intenciones de implementación son efectivas para reducir la autolesión en personas vulnerables. Por lo tanto, representan una intervención útil para reducir la autolesión en determinadas situaciones críticas.

Estas investigaciones no respaldan el timeboxing, sino que cuantifican esa mejora: somos más o menos 2,5 veces más productivos al establecer una intención de implementación y asignar un tiempo específico para llevarla a cabo. A diferencia de otras técnicas de gestión del tiempo, muy pocas (si es que alguna) cuentan con el respaldo de múltiples pruebas y evidencia científica.

YA LO ESTÁS HACIENDO

En el capítulo anterior he mencionado que, en cierta medida, muchas personas ya hacen timeboxing cuando usan un calendario en el que anotan sus eventos programados. Tal como vimos en el capítulo 1, esto quiere decir que la práctica nos resulta *natural* y, al mismo tiempo, demuestra que el método es efectivo.

Programamos reuniones con un inicio y un final, y recibimos invitaciones de otros para participar en las suyas. Muchos destinamos períodos específicos para nuestras propias tareas: nos ponemos los auriculares, damos un paseo o llevamos el ordenador portátil a un entorno diferente para concentrarnos en cumplir alguna tarea.

Así que, aunque no estemos aplicándolo de manera consciente o de forma óptima, claramente todos estamos encaminados en esa dirección. Es imposible evadirlo, ya que la práctica de elegir actuar de determinada manera en momentos específicos, a veces en colaboración con otras personas, es fundamental para la forma en que los seres humanos llevamos adelante nuestra vida, tanto en el entorno laboral como fuera de él. Si no funcionara, no lo haríamos. Así que, funciona. Sin embargo, la clave para alcanzar el autocontrol y la tranquilidad reside en abordar el timeboxing de manera verdaderamente intencional.

Además, se ha desarrollado toda una industria alrededor de la práctica de hacer timeboxing para otras personas. Cada día, cientos de miles[12] (si no son millones) de asistentes humanos se encargan de hacer tareas para sus gerentes, que están siempre ocupados. Las funciones esenciales de todos los puestos de asistentes ejecutivos incluyen organizar y sacar adelante un calendario, programar citas y preparar a los gerentes para sus reuniones, una práctica que también se conoce como timeboxing. Asistir a los superiores de esta forma ha sido una práctica común en el ámbito de los negocios durante las últimas décadas, desde que el trabajo del conocimiento se volvió predominante. ¿Se podría pensar que tantas personas (y ahora, agentes de inteligencia artificial) pudieran llevar a cabo este tipo de tarea para sus superiores si no fuera, de hecho, una actividad de gran valor?

EL CONSENSO DE LOS EXPERTOS

Como observamos en la introducción, diversos gurús de la productividad destacan su eficacia, y varios de los principales referentes de este campo lo avalan con discreción (aunque emplean distintos términos para describirlo).

En los últimos años, las grandes empresas tecnológicas han identificado esta tendencia y la han incorporado. Google, a través de su función Estadísticas de tiempo, proporciona a los usuarios una visión detallada de cómo están gestionando su tiempo. De la misma forma, Viva Insights de Microsoft ofrece a los usuarios diversas perspectivas sobre cómo distribuyen su tiempo durante la jornada laboral, con el propósito de potenciar la productividad y favorecer el bienestar. Y estos gigantes tecnológicos no son los únicos, también hay plataformas más pequeñas y *start-ups* que han detectado la oportunidad y han empezado a capitalizarla (ahondaremos en este tema en el *Capítulo 23 – Herramientas y tecnología*).

En un metaestudio[13] sobre consejos de productividad que llevó a cabo mi empresa, Filtered, el timeboxing ocupó el primer lugar en la lista de técnicas de productividad recomendadas por expertos:

1. Timeboxing
2. Priorizar
3. Decir que no
4. ¡Moverse!
5. Tener control sobre los dispositivos
6. Tomar descansos cortos
7. Lista de tareas pendientes
8. Llevar una alimentación sana
9. La regla de los dos minutos
10. Tener control sobre las redes sociales
11. Elegir en qué momento revisar la bandeja de entrada
12. Organizar el espacio de trabajo
13. Empezar más temprano
14. Respirar
15. Silenciar las notificaciones
16. Acortar las reuniones
17. Bloquear páginas web
18. Herramientas de productividad
19. Planificar con anticipación
20. Realizar una tarea a la vez
21. Música y sonidos
22. Anotar
23. Desglosar las tareas
24. Regla del 80/20
25. Ser sincero con uno mismo
26. Evitar distracciones visuales
27. Dormir
28. Dirigir bien las reuniones
29. Agrupar las tareas que sean similares
30. Disminuir la cantidad de reuniones
31. Concentrarse en los resultados
32. La eficacia por encima de la eficiencia
33. Delegar
34. No prestar atención a las noticias
35. Cambiar de entorno
36. Tomar descansos largos
37. Cronometrarse
38. Ser optimista
39. Hacer un seguimiento de las reuniones
40. Un pequeño cambio
41. Fluir
42. Beber agua
43. Tomar café con responsabilidad
44. Comprometerse públicamente
45. Reconocer el éxito
46. No releer los correos electrónicos
47. Ayudar a los demás durante las reuniones
48. Ser puntual
49. Matar a los seres queridos
50. Trabajar desde casa
51. Procrastinación productiva
52. El «horario estelar» biológico
53. Hacerse tiempo para uno mismo
54. Ser realista
55. Establecer metas claras
56. Empezar

57. Dispositivos durante las reuniones

58. Dejar atrás los malos hábitos

59. Amar el trabajo

60. Tener compasión

61. Concentrarse en el momento presente

62. Sistematizar

63. Empezar y terminar a tiempo

64. Ser ergonómico

65. Usar el tiempo de viaje al trabajo

66. Desconectarse

67. Establecer roles en las reuniones

68. No hacer lista de tareas pendientes

69. 10 000 horas

70. Descubrir las horas muertas

71. Metas a corto y largo plazo

72. Visualizar el éxito

73. Recompensarse

74. Rituales

75. Las nueve reglas para enviar correos electrónicos, de Eric Schmidt

76. Ser flexible

77. Registrar todas las ideas

78. Tomar el control siempre que sea posible

79. Hacer que el trabajo vuelva a ser divertido

80. Luz natural

81. Aprender a escribir sin mirar

82. Escuchar con atención

83. Mantener la bandeja de entrada en cero

84. Buzón de voz

85. Plantillas

86. Las tareas difíciles van primero

87. Cerrar las ventanas abiertas de la mente

88. Lista de espera

89. No darle prioridad a aquello que no es esencial

90. Responder antes de...

91. Tomar el control de la bandeja de entrada

92. Usar un uniforme

93. Establecer plazos

94. Asignar a un «encargado de las tareas»

95. Gestor de contraseñas

96. Programar momentos de «estrés»

97. Cinco metas

98. Convertir los correos electrónicos en tareas

99. Alarmas de la vieja escuela

100. Chicle

Fíjate que hay muchos de los asuntos de la lista que se conectan con el timeboxing. ¿Cuáles puedes identificar?

UN TESTIMONIO PERSONAL

Doy fe de que funciona. Lo practico desde hace diez años, pasé de no tener ningún método a hacer listas de tareas pendientes, a un plan diario de trabajo y, por último, por suerte, al timeboxing.

Fueron diez años de práctica *intensiva*. En promedio, hago quince timeboxes por día laboral y cinco en los fines de semana. Eso da como resultado que: he creado cuarenta y cuatro mil timeboxes, es decir que he decidido cuarenta y cuatro mil veces que una tarea o actividad específica era la adecuada para un período de tiempo en particular y he completado la inmensa mayoría de ellas. Toda esa práctica y esa experiencia me sirvieron para poder determinar si funciona. Y sí, funciona. Dicho de otra manera, antes no sentía tanta seguridad acerca de cómo afrontar el día que tenía por delante; era algo que simplemente *me* sucedía. Ahora, gracias a este método, puedo decir que yo mismo hago que el día que tengo por delante suceda (así como todos y cada uno de los días). El sentimiento positivo también funciona de forma retrospectiva: después de atravesar los momentos de timeboxing, me siento feliz, tanto por haber completado la tarea como por la satisfacción que me da que un plan se concrete.

Mientras lo hago, también implemento otros métodos de productividad. Tengo una lista de tareas pendientes activa (y no estoy a favor de «deshacerse de la lista de pendientes» tal como se suele decir, pero hablaremos más del tema en el capítulo 10). Llevo un registro de mis niveles de energía y sé reconocer que soy mucho más productivo durante las primeras horas de la mañana, en especial para llevar a cabo aquellas tareas que tienen que ver con la creatividad o que presentan un desafío intelectual. Desde que conocí la regla 80/20 (también llamada Principio de Pareto, que establece que la mayoría de los efectos provienen de un pequeño conjunto de causas: el 20 % de los autores generan el 80 % de las ventas de libros, por ejemplo) y la Ley de Parkinson (el trabajo se expande para llenar el tiempo asignado para su finalización: si te das dos horas para escribir un breve párrafo, usarás todo ese tiempo para completarlo), he sentido su influencia. El hecho de que todos estos métodos se enlacen tan bien con el timeboxing refuerza mis ganas de continuar.

Muchas personas piensan que soy extremadamente organizado, tanto que las desconcierto (después de echar un vistazo a uno de mis días repletos de timeboxes, suelen mostrar una expresión de asombro seguida de una pregunta incrédula: ¿Cómo haces para vivir así?). Quizá sea cierto, pero las personas tan extremadamente organizadas no nacieron así. Sino que a lo largo de su vida han desarrollado y perfeccionado un sistema de organización que les funciona. Muchas veces, y muchas más de las que creemos o de las que sabemos, ese sistema es el timeboxing.

Durante los últimos diez años, he conversado acerca de esto con muchos colegas, clientes, amigos, incluso extraños. Si bien estoy completamente seguro de la efectividad de esta práctica, me gusta creer que sigo siendo una persona abierta a que la convenzan de lo contrario. Sin embargo, nunca lo han hecho. Para mí, el defecto más contundente es que hay determinadas situaciones para las cuales esta no es la práctica más adecuada. Y eso lo concedo y lo acepto (en el *Capítulo 24 – Está funcionando*). En mi caso, el timeboxing ha resistido la prueba del tiempo.

Hace muy poco escribí este libro. Cuando el editor me contactó, yo estaba ocupado, ya había formado una familia y tenía un negocio ajetreado. La única forma de incorporar otro proyecto a mi vida era si hacía timeboxing, con más determinación y agilidad que nunca. De hecho, algunos de los detalles más sutiles que se describen en estas páginas se fueron perfeccionando a medida que los escribía; otra de esas historias que fue creciendo con el relato.

⌘ ⌘ ⌘

Espero que te estés convenciendo. Te convencerás por completo cuando empieces a llenar tu calendario con tus propios eventos, intenciones de implementación y timeboxes. Estos primeros capítulos han servido para describir los problemas a los cuales nos enfrentamos, las soluciones que ofrece la práctica y las pruebas de que funciona. Y en los próximos seis capítulos abordaremos los beneficios más importantes que promete este método, enmarcados en el pasado, el presente y el futuro.

Recapitulemos

- Las pruebas de que el timeboxing funciona provienen de múltiples fuentes.
- El timeboxing es una especie de intención de implementación (si me encuentro con la situación x, entonces llevaré a cabo la conducta y), un método para el cual existe una vasta evidencia científica.
- En algún punto, todos hacemos timeboxing.
- Diversos expertos de la productividad que llevan distintos tipos de agenda coinciden en que el timeboxing funciona.

Reflexionemos

- Piensa en una situación en la que se te presentaron pruebas acerca de un tema en particular que te hicieron cambiar de opinión. ¿Qué fue lo que te convenció?
- Haz una intención de implementación.
- En este capítulo se han presentado distintos tipos de pruebas que confirman que el timeboxing funciona. ¿Cuáles te han resultado más convincentes? ¿Por qué?

La psicología cognitiva nos dice que, si la mente humana no recibe ayuda, se vuelve vulnerable a numerosas falacias e ilusiones, ya que depende de la memoria de anécdotas vividas en lugar de estadísticas sistemáticas.

—Steven Pinker

3

Para dejar constancia

Palabras clave	Historial; registrar; registro; memoria; buscar; reflexión; aprendizaje; autoconocimiento; autoconciencia
Cantidad de palabras	1454
Tiempo de lectura	7 minutos

El primer beneficio que presenta el timeboxing se trata del pasado: tu pasado.

Desde la primera aparición de Internet, llevamos un registro de nuestra vida cotidiana en forma de historial de búsqueda y publicaciones de redes sociales. Por desgracia, el principal beneficiario de este registro son las grandes tecnológicas (Alphabet [Google], Amazon, Apple, Meta [Facebook] y Microsoft) y no tú. Pero, por fin, el timeboxing viene a permitirte llevar un registro que será de gran utilidad solo para ti.

Un calendario timeboxeado constituye un registro de muchas de las cosas (o quizá casi todas) que hiciste a lo largo del día. Parafraseando a Lincoln en el Discurso de Gettysburg, es algo que se trata de ti, hecho por ti y para ti. Y la información que se puede obtener a partir de eso es invaluable para ti de diversas maneras.

MEMORIA

¿Qué hiciste el martes pasado por la tarde? ¿Cuándo fue la última vez que hablaste con ese viejo amigo de la escuela al que prácticamente nunca ves? ¿Hace cuánto tiempo lideras las reuniones semanales de equipo? ¿Hace cuánto no te reúnes con ese potencial cliente que tanto prometía?

Es sorprendente lo rápido que olvidamos lo que hacemos. A muchos nos cuesta recordar qué hemos hecho por la mañana, y ni hablar de lo que hicimos ayer o la semana pasada. Y eso puede deberse a que nos abarrotamos la vida con una cantidad descomunal de actividades que terminan siendo tantas que ya no podemos recordarlas; además, nuestra capacidad mental para recordarlas también se reduce.

Bueno, el timeboxing nos ofrece una respuesta a esta situación, ya que sirve como un registro explorable de todo lo que has realizado, siempre y cuando hayas optado por registrarlo. En mi caso en particular, puedo recuperar información acerca de la inmensa mayoría de las cosas que he hecho en mi vida durante los últimos diez años. Puede ser un dato determinado (un nombre, un número de teléfono, un ¿lo hice o no lo hice?) y, a veces, un timebox relevante activará una serie de recuerdos enriquecedores sobre un determinado evento o actividad. De cualquier forma, llevar un registro timeboxeado para tener una referencia rápida tiene usos tangibles.

Esa información puede ser invaluable cuando estás a la defensiva. Supongamos que te enfrentas a una situación complicada en el trabajo y necesitas mostrar qué hiciste y en qué momento. Un calendario timeboxeado en el que hayas volcado registros relevantes de tus actividades te permite responder sin titubear y sin demoras.

Llevar un registro también puede ser útil para controlar tu salud. Saber en qué momento empezaste a sentirte mal, cuándo empezaste a tomar una determinada medicación o cuándo fue la última vez que visitaste al médico puede salvarte la vida o, por lo menos, potenciar tu bienestar, en determinadas circunstancias. Vale la pena anotar estos incidentes, accidentes y turnos en el calendario.

Sin embargo, es más probable y común que llevar un registro timeboxeado te brinde beneficios *positivos*. Por ejemplo: se acerca una importante reunión con alguien que no ves desde hace bastante tiempo. Crees que tienes algunos apuntes de tu última reunión con esa persona, pero no los encuentras porque no recuerdas cuándo fue. Bueno, si tuvieras un calendario timeboxeado, podrías buscar (a partir de un nombre o un correo electrónico) cuándo tuvo lugar esa reunión y así podrías encontrar esas notas.

Una semana sin timeboxes: solo reuniones

	Lun	Mar	Miér	Jue	Vie
8:00					
9:00					
10:00					
11:00					
12:00					
13:00					
14:00					
15:00					
16:00					
17:00					
18:00					

Una semana con timeboxes: un baúl de recuerdos

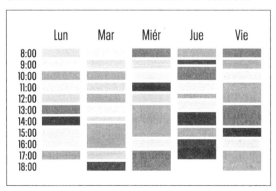

Además, puedes mejorar tu capacidad de búsqueda si eres consistente con los términos que utilizas (quizá podrías seguir la convención de los *hashtags* o etiquetas) en los títulos y descripciones de tus timeboxes. Esto te permitirá realizar búsquedas sencillas en tu calendario para saber cuándo y con qué frecuencia participaste en actividades relacionadas con #ventas, #familia, #meditación, #1a1, entre otras. Veremos este tema en más profundidad en el *Capítulo 11 – Crear los timeboxes*.

MOTIVACIÓN

El timeboxing te ofrece un registro de todo lo que has hecho, es decir, de tus logros. Y eso podría impulsarte a lograr aún más cosas. A algunas personas les gusta agregar el emoji con la marca de verificación ☑️ en las tareas que han completado del calendario. La descarga de dopamina que recibimos es tan gratificante que nos motiva a hacerlo de nuevo. Esta experiencia tan positiva justifica la práctica de crear timeboxes después de que los eventos hayan ocurrido (por ejemplo, «de 9:00 a. m. a 9:30 a. m. he hecho esto, de 10:00 a. m. a 11:00 a. m. he hecho aquello», etc.) y, por supuesto, contribuye a mantener un registro que se puede explorar con facilidad. De hecho, varios expertos en productividad elogian la eficacia de mantener una «lista de tareas finalizadas». Bueno, esta práctica también tilda esa casilla. Al registrar y evaluar nuestros logros, experimentamos una recompensa inmediata, una dosis de dopamina que nos impulsa a repetir el proceso (independientemente de los beneficios a largo plazo que conlleva realizar la tarea).

Algunos fanáticos del timeboxing tienen como mantra la frase: «Si no está en el calendario, no existe»; esto significa que, si no se ha asignado un tiempo específico para hacer una actividad, es poco probable que se lleve a cabo en el futuro. Si bien esta afirmación puede parecer desmotivadora a primera vista, también es bastante persuasiva. La lógica detrás de esta idea se vuelve convincente en retrospectiva: si no hay registro de un evento (por ejemplo, en un calendario digital), ¿realmente ocurrió? Más allá de tus inclinaciones filosóficas,[14] los eventos de los cuales no hay registro ni tampoco se recuerdan carecen de existencia en el sentido de que no aportan nada a nadie.

Desde una perspectiva motivadora, una vida bien documentada parece más plena. Como argumenta Sean Carroll[15], físico y filósofo, acumular recuerdos parece expandir nuestra percepción del tiempo. Una vida colmada de recuerdos, no solo centrada en las actividades, nos ofrece una experiencia más plena, valiosa y enriquecedora.

CRECIMIENTO PERSONAL

Un calendario timeboxeado puede ser una herramienta valiosa para reflexionar sobre cómo llevamos nuestras vidas. Nos ayuda a responder preguntas reflexivas que podrían ser importantes, como:

- ¿En qué más estaba pensando el día que tomé esa gran decisión?
- ¿Estoy trabajando demasiado?
- ¿Le dediqué el tiempo necesario a los aspectos XYZ de mi vida?
- ¿Qué hábitos, ya sean buenos o malos, son recurrentes y necesitan atención?
- ¿Cómo y con qué frecuencia me doy mis gustos?
- ¿Cuáles fueron los momentos que me generaron más orgullo recientemente?
- ¿Le presto suficiente atención a mi pareja?

Puede que tu aprecio por la idea del timeboxing alcance su punto más álgido a fin de año, cuando llega el momento de completar tu evaluación de desempeño y tienes que resumir todo lo que lograste durante los últimos doce meses. Al incluir el *hashtag* #revisión (por ejemplo) en las casillas pertinentes a medida que avanzas, simplificarás drásticamente tu vida y evitarás olvidar logros importantes.

Aunque gran parte de lo que registres en tu calendario puede parecer rutinario (entonces puedes pensar en alguna forma de darle vida: agregar una nota para tu yo futuro, algún chiste o un título llamativo, etc.); también es importante decir que lo rutinario tiene su virtud, tal como sugiere el novelista Ian McEwan: «Las banalidades empiezan a relucir con el transcurso de los años».[16]

ECONOMÍA

Quizá mantengas otro tipo de registro por escrito. Llevar un diario,[17] utilizar el método *bullet journal*, tomar notas e incluso enviar correos electrónicos, todos registran actividades a su manera. Sin embargo, el timeboxing resulta el método más económico. En cuestión de segundos, puedes crear un timebox básico pero funcional. Y no solo es rápido, sino también sencillo, ya que prácticamente todos utilizamos un calendario digital.

⌘ ⌘ ⌘

Mantener un registro personal de lo que hiciste y cuándo lo hiciste no solo es útil, sino que también ofrece información valiosa sobre ti y sobre los demás. Dado que es algo privado e íntimo, te sugiero que te lo guardes solo para ti.

Recapitulemos

- El timeboxing crea un registro fácilmente explorable de tus actividades.
- Puede servir para:

- recuperar información y activar la memoria,
- obtener reconocimiento y motivarte a perseverar,
- facilitar la reflexión y el crecimiento personal.

Reflexionemos

- Dentro de las siete preguntas sobre crecimiento personal de este capítulo, elige la que te resulte más relevante. Intenta descubrir algo nuevo acerca de ti mismo.
- ¿Te has enfrentado a alguna situación en tu espacio laboral en la que te hubiera gustado tener una mejor forma de recordar lo que sucedió en un día específico?
- ¿Qué estabas haciendo a esta hora ayer? Cierra los ojos e intenta recordar, sin ayuda. Presta atención a los recuerdos que te trae la mente al tratar de recuperar esa información específica.
- ¿Qué estabas haciendo a esta hora la semana pasada? De nuevo, cierra los ojos y procura recordar, sin ayuda. Y, otra vez, presta atención a los recuerdos que te trae la mente al intentar recuperar esa información específica.

Soy mi propio santuario y puedo renacer tantas veces como quiera a lo largo de mi vida.

—Lady Gaga

4

Para tener serenidad

Palabras clave	Estrés; preocupación; agobio; sufrimiento; autonomía; control; satisfacción; felicidad; esclarecedor; liberador; paz; santuario
Cantidad de palabras	1616
Tiempo de lectura	8 minutos

El timeboxing puede hacer que sientas menos estrés y más control. Puede liberarte. Para mí, el mayor beneficio está en este capítulo, y radica sobre todo en el bienestar mental, que incluso está por encima de la productividad. Este capítulo explora sus ventajas emocionales y psicológicas.

Estamos de acuerdo en que, en la actualidad, los trabajadores del conocimiento suelen experimentar ansiedad y sentirse abrumados. Las estadísticas respaldan esta percepción: se estima que el 15 % de los adultos que trabajan tienen un trastorno mental; a nivel global, se pierden doce mil millones de días laborales cada año a causa de la depresión y la ansiedad, lo que supone un costo de un billón de dólares en productividad perdida.[18]

Regresar a una sola actividad en un momento específico, en medio del caos del día y de las innumerables opciones que tenemos, es lo que permite que el timeboxing nos ayude a mantenernos enfocados y centrados. A medida que las distracciones aumentan, en especial las comunicaciones entrantes, tu calendario timeboxeado puede convertirse en un refugio donde encontrar alivio. Te ofrece la seguridad de saber que lo que has priorizado es justo lo que deberías estar haciendo en ese momento y nada más.

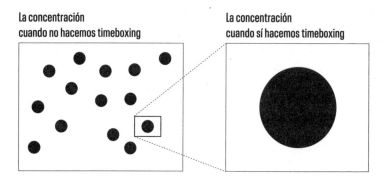

La concentración cuando no hacemos timeboxing

La concentración cuando sí hacemos timeboxing

SUFRIR MENOS

¿Eres un perfeccionista? ¿Un procrastinador? ¿Te gusta complacer a los demás? ¿Haces muchas cosas a la vez? ¿O tiendes a preocuparte demasiado? Puede que muestres rasgos de varias de estas personalidades en diferentes momentos, como casi todo el mundo. A mí también me sucede. La modernidad, con toda su inmensidad tecnológica y su conectividad permanente, despierta este tipo de características y tendencias. Por desgracia, todas esas tendencias llevan al sufrimiento. Por fortuna, el timeboxing nos conduce en otra dirección.

Los perfeccionistas, al esforzarse por alcanzar lo imposible, se pasan todo el tiempo haciendo correcciones e iteraciones, sin alcanzar la satisfacción de concluir la tarea en curso. Por lo tanto, no cumplen los plazos y solicitan extensiones. Al evaluar su trabajo de manera rigurosa y percibir evaluaciones similares por parte de los demás, rara vez se sienten satisfechos. Este método puede ser un salvavidas para este tipo de personas, ya que el contorno definido de los timeboxes establece un límite y, además, subraya la necesidad de que, en un determinado momento, algo *debe* enviarse, compartirse o entregarse (ver *Capítulo 17 – Entregar algo*).

Por otro lado, los procrastinadores dejan las tareas para último momento, a pesar de saber que eso puede traer aparejadas consecuencias negativas. Esto suele dar como resultado una producción de menor calidad y se correlaciona con la depresión, la ansiedad y la baja autoestima.[19] El timeboxing puede ayudar, al menos a los procrastinadores leves, a aumentar su productividad y comenzar a trabajar antes, en un momento preestablecido. El Dr. Piers Steel, experto en la ciencia de la motivación, aboga por el compromiso y el control del entorno, dos componentes clave del timeboxing, para así ayudar a romper la maldición del procrastinador.

Las personas complacientes se comprometen a hacer cosas que no pueden cumplir solo para agradarle a alguien, pero poco después sufren una carga de trabajo excesiva y poco realista, que suele ir seguida de la insatisfacción y la decepción de sus colegas. El timeboxing puede ayudar a esas personas a decir que no con la justificación adecuada y en el momento correcto, ya que proporciona datos concretos sobre el tiempo del que en realidad disponen. Incluso podrían anticiparse a la solicitud si el calendario ya hubiera sido compartido (y estuviera lleno).

Las personas que hacen *multitasking* intentan cumplir con más tareas al hacer varias al mismo tiempo. Pero rara vez lo logran. No solo ha quedado demostrado según diversos estudios que hacer varias tareas al mismo tiempo tiene una relación directamente proporcional con el rendimiento,[20] sino que también disminuye el optimismo de las personas. Esto ocurre todo el tiempo: estás buscando las llaves y de repente un libro que alguna vez quisiste leer acapara tu atención; estás a punto de enviar un correo electrónico y justo llega otro, molesto, que te llama la atención; estás leyéndole un libro de la saga *Las crónicas de Narnia* a tu hijo cuando te llega una notificación al teléfono y te saca de ese mundo. Se ha demostrado que implementar algunas medidas que aplaquen el *multitasking*, como enviar correos electrónicos por lotes (dedicarle un período de tiempo solo a trabajar en tu bandeja de entrada), aumenta el bienestar.[21] El timeboxing, una técnica que se aboca a hacer una sola tarea a la vez, es una buena manera de evitar este mal hábito. Consulta el capítulo 18 para ver con más detalle los matices de hacer *multitasking*.

Por definición, las personas que se preocupan en exceso sufren debido a sus constantes preocupaciones, incluso cuando son productivas. Hay muchas ramificaciones negativas y complejas dentro de la salud mental, tanto en el ámbito profesional como en el social. El timeboxing no trae la solución mágica, pero algunas personas que padecen esta aflicción sienten alivio al poder planificar un momento específico para dedicárselo a esas preocupaciones.[22] Reservar un período de tiempo para reflexionar sobre un problema puede darte un respiro para luego poder seguir con tu vida, antes y después de ese momento. El timeboxing también es una herramienta pragmática que nos ayuda a dar un pequeño y único paso en una dirección optimista cuando nos sentimos tristes.

POTENCIAR LA AUTONOMÍA

La autonomía implica sentir que tienes el control sobre tus acciones y sus consecuencias. Mucha sabiduría, ya sea antigua o contemporánea, se enfoca en dirigir la atención hacia lo que podemos manejar, en lugar de intentar expandir nuestro alcance y enfrentarnos a la decepción cuando no lo logramos. El timeboxing se presenta como un medio práctico para aplicar este consejo.

A pesar de que la autonomía es una sensación difícil de medir y calibrar, no es imposible de alcanzar. Un estudio que involucró a treinta y seis mil personas de treinta y tres países europeos concluyó que «tanto las condiciones sociales que mejoran las elecciones y las oportunidades como la autonomía que el individuo percibe se asocian de forma positiva con la sensación de estar satisfecho con la vida».[23] Tiene sentido. Nuestra especie, que evolucionó bajo la premisa de que solo sobreviven los más aptos, está programada para buscar tener el control sobre su entorno con el fin de sobrevivir y prosperar. Además, tiene sentido intuitivo: cuando siento que tengo el control, soy más feliz; cuando siento que no tengo el control, no tanto. En las palabras de Jeff Bezos: «El estrés proviene principalmente de no tomar medidas sobre algo que puedes controlar».[24] Tener más autonomía contribuye a nuestro bienestar, por eso buscarla es una deuda que tenemos con nosotros mismos.

El timeboxing te saca de la agenda de otras personas y te coloca en la tuya. Tu bandeja de entrada es una lista de solicitudes e información que otras personas decidieron poner en tu plato. Las reuniones a las que te invitan son para discutir ideas, aspiraciones y planes de otras personas. Las decenas de notificaciones que recibes todos los días son intrusiones de agentes externos (ya sean de personas o automatizadas). Ninguna de estas cosas forma parte de *tu* agenda. Algunas pueden coincidir con ella, pero no fueron diseñadas de esa forma, a propósito. Solo tú puedes abrirte camino, y este es el medio más efectivo para lograrlo. ¿Quieres que tu legado sea que siempre viviste al servicio de los demás? Bueno, si eliges hacer lo que tú quieres cuando tú quieres, será porque tú lo dispusiste de esa forma, y esa elección representará tu autonomía.

Además, el timeboxing te brinda el *tipo* de autonomía correcto. Tú eliges qué hacer y lo harás cuando te encuentres en el momento adecuado para hacerlo. El sentimiento de control debe ser más fuerte y significativo cuando se trata de acciones que has evaluado cuidadosamente, en esa hora del día cuando todavía reina la calma antes de la tormenta, cuando estás en tu mejor momento, tranquilo y sin restricciones.

LIBÉRATE

Practicarlo puede ser liberador. Si bien reducir el estrés y fortalecer la autonomía son aspectos cruciales, incluso cuando se consideran en conjunto, subestiman los beneficios de este método. Practicarlo es transformador. Al decir sí a algo, te estás liberando de una carga enorme, ya que implica decir no a miles de otras cosas. Ver y comprender esto es sumamente esclarecedor y liberador.

El timeboxing puede concebirse como una práctica y también como una guía para la vida. Es una voz tranquilizadora (la tuya) en la cual puedes confiar (ya que lo pensaste en un momento cuando tenías la cabeza despejada) y sirve para recordarte qué debes hacer en cada momento del día. Por supuesto, es natural distanciarte y distraerte de vez en cuando de esa voz. Pero tú sabes dónde está (a un clic de distancia) y puedes regresar a ella las 24 horas del día, los siete días de la semana, siempre que la necesites. Esta voz actúa como un poder superior secular que puede acompañarte a lo largo de tu vida si decides buscarla y escucharla.

Recapitulemos

- El timeboxing es beneficioso tanto para tu salud mental como para tu productividad.
- Gracias al timeboxing, puedes decidir exactamente qué quieres hacer, a diferencia de estar todo el tiempo a merced de las demandas de los demás.
- Poder decir que sí a una cosa en un momento específico y que no a todo lo demás en ese mismo instante es sumamente liberador.

Reflexionemos

- Qué es más importante para ti, ¿*sentirte* bien o *rendir* más?
- ¿En qué momentos experimentas mayor nivel de estrés? Anota algunas características de esas situaciones. ¿Ocurre con más frecuencia cuando hay varias cosas sucediendo al mismo tiempo?

Este cerebro mío es algo más que meramente mortal, y el tiempo lo demostrará.

—Ada Lovelace

5

Para pensar de manera más inteligente

Palabras clave	Flujo; capacidad; claridad; preparar; planear; epifanía; conocimiento; capacidad mental; trabajo profundo; recordar
Cantidad de palabras	1918
Tiempo de lectura	10 minutos

Para bien o para mal, los seres humanos hemos logrado dominar el planeta Tierra gracias a nuestra capacidad intelectual. Nosotros, como especie, nos autoproclamamos *Homo sapiens* (que significa sabio o astuto). En la actualidad, mil millones de personas se ganan la vida como trabajadores del conocimiento y participando en la toma de decisiones. En los últimos años, el Smart Thinking (libros destinados a ayudar a los lectores a mejorar sus procesos de pensamiento y a tomar decisiones más inteligentes e informadas tanto en la vida personal como en la profesional) se ha constituido como un auténtico género literario. Debemos tomarnos el acto de pensar con seriedad y aprovechar nuestro mayor don, que posiblemente sea el apogeo de la evolución.

Este capítulo trata sobre cómo el timeboxing puede ayudarnos a pensar, vivir y trabajar de manera más inteligente en lugar de más ardua. Se centra en cómo alcanzar una producción de calidad en lugar de priorizar la cantidad de recursos que implicaría el proceso. En el *Capítulo 7 – Para la productividad,* exploraremos cómo este método también nos ayuda a lograr *más.*

El pensamiento es una de esas actividades humanas que, aunque está siempre disponible para todos, es difícil de definir. Se han dedicado vidas y libros enteros a tratar ese tema, así que a continuación me limitaré a hacer una distinción que luego disolveré. Por un lado, tenemos una *actividad mental exigente* y, por otro lado, está el *pensamiento.* El trabajo de exigencia cognitiva, como programar, escribir, diseñar, editar y revisar, supone realizar una tarea específica y tiende a tener un resultado explícito y deliberado. Pero el *pensamiento* es más difuso y abarca una gama más amplia y variada, incluyendo, aunque no limitándose a, el pensamiento crítico, el pensamiento de diseño, la resolución de problemas, el pensamiento analítico, el pensamiento estratégico y la toma de decisiones. Sin embargo, dentro del marco de este capítulo y de este libro, consideraré que ambos tipos de actividad mental son importantes y deseables, y justificaré por qué el timeboxing es beneficioso para cada uno de ellos.

GERMINAR

La cosecha no se produce de manera espontánea. Es imposible que toda la chispa creativa, la imaginación y la inspiración necesarias para llevar a cabo una tarea nos lleguen en el período de tiempo específicamente delimitado que tenemos para ella, es decir, nuestro timebox. En el caso de tareas creativas y complejas, es necesario incrementar las posibilidades de que eso ocurra activando la mente consciente e inconsciente mucho antes de poner manos a la obra, sentarnos y comenzar a trabajar. Podemos y debemos preparar la mente reuniendo la información relevante, hechos, pensamientos dispersos, recuerdos y notas sobre el tema, echarles un vistazo y luego relajarnos y dejar que el subconsciente haga su trabajo.

Imagina que tienes que escribir un plan de negocios el jueves por la mañana; entonces, configuras un timebox de media hora el martes por la tarde para revisar la información con la que ya cuentas (un borrador, tus anotaciones, las instrucciones de tu jefe, parte de la investigación que ya habías hecho, la plantilla que usa tu empresa para armar el plan de negocios, ese excelente plan de negocios que escribió un colega tuyo el mes pasado y recibió muchos elogios, una prueba hecha por una IA). Luego, le das a tu mente esas treinta y seis horas y un par de noches de sueño para integrar toda esa información. El jueves por la mañana, escribirás un plan de negocios mucho mejor y mucho más rápido.

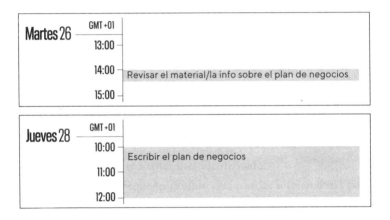

El timeboxing también puede ayudarnos a mejorar nuestro desempeño en las reuniones. Estas constituyen alrededor de una quinta parte[25] de nuestro tiempo. Nos gusten o no, están aquí para quedarse, así que sería bueno que pudiéramos mejorar en esa práctica. Si germinas ideas en tu mente y te comprometes a prepararte para todas las reuniones, por ejemplo, al armar un timebox para prepararte para ellas cada mañana (de quince o treinta minutos para las que tengas ese día; por supuesto, las más importantes requerirán más tiempo de preparación y dedicación), siempre estarás preparado, parecerá que lo estás y lograrás destacarte. Te convertirás en un colega más valioso y eso se verá reflejado en tus ideas, tus contribuciones y en tu reputación.

Germinar ideas en mi propia mente ha sido uno de los principios prácticos que me ha permitido hacer tareas complicadas a lo largo de los últimos diez años, entre las cuales se encuentra, por supuesto, la escritura de este libro. Nunca me siento a escribir en frío; en mi opinión, en ese estado las ideas y las palabras no florecen. En cambio, planifico con antelación varias sesiones breves de timeboxing en las que recopilo mis pensamientos e investigaciones. Reviso todo sin sentir presión ni la urgencia de alcanzar un objetivo específico, le doy a mi subconsciente un día y una noche para procesar la información y, luego, me dispongo a escribir.

EL ARTE DE PLANIFICAR

El timeboxing comprende dos actividades: la planificación (Parte Dos) y la ejecución (Parte Tres). La planificación es el proceso de decidir qué tareas hay que realizar, cuán extensas son y cuándo llevarlas a cabo. La ejecución, por otro lado, es el proceso de llevar a cabo esa intención, dentro del período de tiempo establecido.

La planificación es una tarea que requiere un esfuerzo cognitivo y un acto de pensamiento en sí mismo. Constituye una toma de decisiones muy importante. Si lo hacemos mal, terminaremos dedicándole tiempo a actividades que no son tan importantes, y eso sería una pérdida de tiempo. Los quince minutos que dedicamos a configurar los timeboxes cada mañana repercuten de manera directa en las siguientes quince horas que pasamos ejecutando tareas. Son quince minutos que usamos para planificar y asegurarnos de que las siguientes quince horas de vida sean productivas, o sea que la productividad se multiplica por sesenta. Por lo tanto, es una actividad de gran importancia que requiere que estemos en un estado de calma y tranquilidad para llevarse a cabo de forma correcta. Al igual que la venganza, la productividad es un plato que se sirve mejor frío.

Podemos analizar los beneficios de planificar en los mismos términos de los beneficios de establecer reglas. Como mencionamos en el capítulo 1, cuando se establece un conjunto de reglas, las decisiones importantes se toman de antemano, y dado que esta tarea recae en las personas adecuadas durante un momento de calma, existe una mayor probabilidad de que tanto las decisiones como las reglas sean acertadas. Y, como ya hemos establecido estas reglas, no es necesario cuestionarnos a todas horas a lo largo del día. Planificar un timebox es similar a este proceso. Una vez que los has planificado en las condiciones adecuadas, tienes la seguridad de que las tareas que seleccionaste para ese día son las correctas. De esa forma, ya no deberías estar permanentemente dudando acerca de si deberías estar trabajando en lugar de hacer las otras innumerables tareas, porque ya lo tenías decidido. No es necesario seguir pensándolo. Y, si la duda persiste, ya sabes que el calendario que los reúne tiene la última palabra. Así, la vida es mucho más sencilla. Quizá, mientras leías este capítulo, hayas pensado en conceptos como *mindfulness* o conciencia plena y meditación. Si es así, te gustará el capítulo 20.

SER BRILLANTE

El timeboxing puede ayudarte a alcanzar la cima de tu capacidad. Puede usarse para crear las condiciones que tú y tu cerebro necesitan para lograr el máximo rendimiento. Esto implica germinar y planificar, como se ha mencionado antes, y también configurar de manera adecuada tu entorno físico (ver *Capítulo 9 – Los fundamentos básicos*).

Si logramos hacer todo eso de forma correcta, entonces eliminaremos las distracciones y podremos concentrarnos mejor. Al darnos la posibilidad de concentrarnos en una sola cosa a la vez, este método también nos ayudará a disminuir el *estrés* que, según ha quedado demostrado, reduce el rendimiento. El neurocientífico Daniel Levitin nos recuerda que el *multitasking* es estresante, tal como lo indican el aumento de la secreción de cortisol y adrenalina, y cita[26] estudios que demuestran que las distracciones nos restan unos diez puntos de CI.

Pero lo más importante es que, a veces, el timeboxing nos ayuda a alcanzar niveles excepcionales de calidad. Lograr un estado de flujo (concepto introducido por Csíkszentmihályi, psicólogo húngaro) o de trabajo profundo (idea de Cal Newport) requiere condiciones prácticamente idénticas, que se pueden crear gracias al timeboxing:

- concentración constante;
- una meta clara;
- una experiencia inmersiva durante la cual el tiempo puede distorsionarse;
- el equilibrio entre el desafío y la habilidad (la tarea no debe ser demasiado fácil ni demasiado difícil).

El timeboxing tiene el potencial de impulsarnos hacia niveles más elevados de creatividad y excelencia, algo que seguro que no podríamos lograr si no lo implementáramos.

RECABAR INFORMACIÓN Y ADOPTAR UNA PERSPECTIVA

El poder de la tecnología nos envuelve por completo. Internet es una fuente de información casi inagotable y los teléfonos ponen todo al alcance de nuestras manos en todo momento. Estas dos formas de tecnología, en conjunto, nos conectan con millones de personas (en la actualidad, prácticamente todo el mundo tiene un *smartphone*). En los últimos tiempos, los Grandes Modelos de

Lenguaje (LLM, por sus siglas en inglés) tienen la capacidad de generar texto que sea útil y coherente, lo cual nos permite concentrarnos en tareas más mundanas. Todas estas herramientas sirven para amplificar y aumentar la inteligencia y la capacidad de los seres humanos.

Pero hay una fuente de información específica y particularmente relevante que estos vastos sistemas tienden a pasar por alto: nuestra historia personal. Como vimos en el *Capítulo 3 – Para dejar constancia*, el registro explorable que ofrece el timeboxing no es un simple registro, sino un medio para activar nuestros propios recuerdos. Hacer uso de este mecanismo no solo nos permite *parecer* más inteligentes que aquellos que carecen de sistematicidad, sino que también nos impulsa a *pensar* de manera más inteligente (recordar mejor, establecer conexiones más amplias, alcanzar nuestro potencial). Para hacerte una idea de lo revelador que puede llegar a ser, echa un vistazo a tu historial de búsquedas de Google; me atrevo a decir que te sorprenderá, te empoderará, te intrigará, te inspirará o te conmoverá.

⌘ ⌘ ⌘

Timeboxear bien es pensar de manera más inteligente. Y pensar es, en gran parte, lo que define al ser humano. ¿Qué más se puede pedir? Bueno, quizá pensar de manera más inteligente junto con otras mentes.

Recapitulemos

- El timeboxing puede ser útil tanto para el trabajo que demande un esfuerzo cognitivo como para el pensamiento en general.
- Usa este método para germinar ideas antes de que sea el momento de realizar el trabajo, eso activará el subconsciente.

- La planificación de los timeboxes es una actividad que implica tomar decisiones importantes que repercuten de manera directa en la productividad del resto del día.
- Cuando te encuentras ejecutando el timebox, tienes la oportunidad de alcanzar niveles excepcionales de claridad y profundidad.
- Si implementas el timeboxing con precisión, tendrás un registro explorable de información que servirá como respaldo cada vez que necesites recordar un hecho o evocar un recuerdo. Si recuerdas más, pensarás con más inteligencia.

Reflexionemos

- ¿Cuándo fue la última vez que alcanzaste un estado de flujo? ¿Qué te lleva a alcanzar ese estado?
- ¿Cuál fue el último momento revelador o inspirador que tuviste? ¿Recuerdas qué circunstancias o condiciones lo facilitaron?
- Echa un vistazo a tu historial de búsqueda en Internet (para la mayoría, será de Google) de hace unos meses o años. ¿Qué descubriste? ¿Cómo te hizo sentir? ¿Te resulta útil en este momento?

Todos para uno y uno para todos.

—Alexandre Dumas

6
Para fomentar la colaboración

Palabras clave	Armonía; eficiencia; social; transparencia; confianza; coordinación; relaciones; trabajo en equipo
Cantidad de palabras	1550
Tiempo de lectura	8 minutos

El timeboxing no trata solo de la productividad. En la mayoría de los casos, el trabajo en equipo (tanto dentro como fuera de tu empresa, con tus clientes o tus proveedores, con tu familia y amigos) es una parte esencial de la vida y el trabajo moderno. Y el timeboxing también se adapta a esa dinámica.

Yo soy un fiel defensor del concepto de *armonía productiva*, que sugiere que interactuar con los demás de manera directa, proactiva, sensible y positiva es beneficioso tanto para el motor como para el corazón de los negocios y la vida hogareña. La comunicación es mucho más efectiva si es directa y proactiva, y las interacciones positivas y sensibles suelen generar mayor receptividad. De esta manera, logramos evitar los conflictos que tienden a desmoralizar, generar ansiedad y afectar la productividad de muchas relaciones humanas. El timeboxing puede ser de ayuda en este delicado pero notable asunto.

El tiempo y su característica sincronicidad nos permiten prosperar como seres sociales. Compartimos la alegría de vivir eventos juntos, como partidos deportivos, espectáculos, conciertos, bodas e incluso reuniones de negocios, así como millones de otras ocasiones que crean los humanos, cada una con su respectivo horario de inicio y, por lo general, de finalización. El timeboxing incentiva que este tipo de ocasiones sucedan, sean grandes o pequeñas, y que, de esa forma, podamos prosperar.

EL CALENDARIO DIGITAL COMPARTIDO

Los calendarios compartidos se han convertido en un aspecto fundamental de la vida moderna. Y Apple, Google y Microsoft entendieron que sus calendarios deben dialogar e integrarse entre sí. Hoy en día, nuestro calendario se puede compartir con mucha facilidad con quien queramos, sin importar qué tecnología elija cada uno. Son herramientas visuales, intuitivas y accesibles.

La gran mayoría de nosotros (según una encuesta,[27] el 70 % de los adultos) usa calendarios digitales. Y, desde entonces, ese número ha seguido aumentando.

Cabe destacar que los beneficios que describiremos en este capítulo solo los apreciarán aquellos que usen calendarios *digitales compartidos*. Un sistema que se vuelque en papel, como un calendario, un bloc de notas o planificadores específicos para hacer timeboxing, se quedará en tu escritorio y no se moverá de allí. Si trabajas en un silo, quizá no te parezca mal. Pero si quieres o precisas trabajar de manera colaborativa, dar el pequeño paso de digitalizar esta faceta de tu vida puede marcar la diferencia. Compartir es cuidar.

COMO SI FUERA UN RELOJ

Cuando los calendarios compartidos se usan de manera efectiva, se desata gran parte del potencial del timeboxing.

La organización de las tareas que guardan una relación entre sí se vuelve mucho más sencilla. Por ejemplo, si tu hijo o hija tiene actividades después de la escuela y se registran en un calendario familiar de uso compartido, todos tienen acceso y será más fácil coordinar quién lo lleva, quién lo va a buscar y otras cuestiones logísticas. La información que se vuelca en el calendario es una forma en la que todos pueden contribuir para que les resulte funcional a todos y que esa contribución se pueda señalar en el calendario. El resultado es un beneficio tanto para los intereses compartidos de la familia como para mantener relaciones armoniosas. Aunque existen programas específicos (*software* de gestión de tareas) que manejan estas cuestiones de manera explícita y automática, la mayoría de las personas no los utiliza, y ninguno emplea el mismo *software* en todos los grupos (diferentes departamentos, amigos, familia) con los que necesitamos colaborar.

El timeboxing representa una garantía de que el trabajo se llevará a cabo. Imagina que le pides a alguien que haga algo por ti, como, por ejemplo, que revise una referencia que has escrito. Si la respuesta es el típico pero conciso «de acuerdo», quizá te sientas más o menos tranquilo. Pero si la respuesta es «Claro que sí, ya he configurado un timebox para el viernes a las 10 a. m.» y luego lo ves en su calendario, te sentirás más seguro y comenzarás a apreciar a este colega y su solidez y consideración a la hora de trabajar. Sería mucho más sencillo establecer relaciones interpersonales y compromisos si «timeboxing» empezara a formar parte de nuestro léxico.

Tus personas de confianza incluso pueden gestionar ellos mismos los timeboxes dentro de tu calendario si tú lo permites. Este es el caso de las reuniones, y las tareas generales son una extensión obvia, sencilla y natural de eso. Para que todo funcione sin problemas, es necesario incluir la cantidad adecuada de información e instrucciones en la cita del calendario. Volveremos a ese tema en el capítulo 11.

Hay otro beneficio que me gustaría compartir, pero sé que a algunos lectores no les gustará. El efecto Hawthorne es un fenómeno según el cual se cree que las personas trabajan mejor y con más eficiencia si saben que las están observando. Bueno, el calendario digital compartido es una forma moderna de que diferentes personas puedan observarte de manera digital. Esas personas podrán ver qué hiciste, qué harás, qué planeas hacer y cuándo. Esto convierte tu calendario en una especie de instrumento de compromiso. Puede ser una maldición, pero, para muchos, la mera existencia de tal compromiso público puede ayudar a vencer la procrastinación y aprovechar los beneficios que vienen con una conciencia clara.

CREAR CONFIANZA

Los calendarios compartidos no siempre serán una opción viable. Es crucial desarrollar una cultura de confianza y entender los ajustes de privacidad. Si esto ocurre en el entorno empresarial, contar con un departamento de TI cooperativo puede ser de gran ayuda.

El término «transparencia» suele mencionarse con frecuencia, aunque quizá la plena transparencia no sea lo que estás buscando. Antes de compartir tu calendario, asegúrate de ver qué información deseas compartir y con quién. La mayoría de los calendarios digitales ofrecen diversas configuraciones de privacidad: puede no verse nada, puede verse de manera parcial (los eventos solo indican que estás ocupado) o verse en su totalidad. También puedes elegir qué personas o equipos tienen acceso a qué configuración. Ten en cuenta que los usuarios de rangos superiores y mayores privilegios (gerentes, administradores, superadministradores) quizá puedan ver más de lo que crees. Para que puedas sentirte completamente cómodo, una posibilidad sería que revisases los permisos cara a cara, le preguntases a alguien de confianza qué ve cuando revisa tu calendario, y de esa forma confirmarías si coincide o no con lo que esperabas.

Debe existir un equilibrio entre los ajustes de privacidad y la administración del calendario. Si planeas incluir muchos detalles personales y notas en tus citas, quizá tendrías que ser más estricto a la hora de hacer las configuraciones. Pero, si eliges mostrar menos detalles, puedes relajarte más. Espero que no sientas la necesidad de realizar muchas configuraciones.

FORTALECER RELACIONES

En su máxima expresión, los calendarios compartidos tienen el potencial de construir y fortalecer relaciones. Esto no se aplica para todo el mundo ni en todos los contextos, pero si te sientes cómodo compartiendo información personal y no tan importante en relación al trabajo de vez en cuando en forma de timeboxes (un libro, actividades como natación, llevar a los niños a la escuela, una clase de arte, una salida al cine), podrías llegar a conocer mejor a tus colegas de una manera fácil, informal, discreta y sin solicitarlo. Esto podría servir para romper el hielo en una primera interacción o como tema para la próxima conversación. Solemos compartir mucha información en las redes sociales, en general sin cuestionarnos y, a veces, incluso de manera imprudente. ¿Por qué no considerar compartir por escrito algunos detalles con un grupo mucho más pequeño y posiblemente más confiable a través de un calendario compartido?

⌘ ⌘ ⌘

Con un calendario digital y un poco de confianza, los beneficios colaborativos del timeboxing son enormes. Aunque los calendarios digitales son fáciles de manejar, la confianza quizá no tanto. Sin embargo, la mayoría de las personas confían lo suficiente en quienes las rodean como para hacer que este método funcione.

Recapitulemos

- El timeboxing no solo sirve para mejorar la productividad personal, sino que también incentiva la colaboración.

- Un calendario digital compartido es la mejor herramienta para sacarle el máximo provecho al timeboxing.
- Esta técnica facilita ubicar de manera estratégica aquellas tareas que guardan relación entre sí, lo cual genera tranquilidad y seguridad entre colegas de que el trabajo se llevará a cabo.
- Piensa en cuál sería el equilibrio adecuado entre la privacidad y la practicidad a la hora de configurar tu calendario compartido. ¿Sientes que puedes colocar tus actividades personales?
- Incluir timeboxes personales en tu calendario puede servir para romper el hielo y construir relaciones.

Reflexionemos

- ¿En cuántos compañeros de trabajo confías con total plenitud para compartir con ellos qué estás haciendo y cuándo? Piensa en quiénes son.
- Piensa en aquellos en quienes no confías y por qué.
- Fuera del contexto laboral, ¿quién se beneficiaría de conocer mejor tus horarios? Piensa en tus familiares, amigos, organizaciones voluntarias, vecinos.
- Si usas la expresión «de acuerdo» cuando te piden que hagas algo, considera cambiarla, al menos en algunas ocasiones, por otra frase como «He configurado un timebox para [determinada hora]».
- Existen muchas palabras y frases comunes e imprecisas sobre el tiempo: pronto, en breve, lo antes posible, dentro de un rato, enseguida. ¿Cuáles de ellas son las que más usas? ¿Crees que sería mejor usar un lenguaje más preciso en algunas situaciones?

Los buenos empresarios varían en cuanto a sus personalidades, fortalezas, debilidades, valores y creencias. La única característica que los une es que consiguen llevar a cabo las tareas correctas.

—Peter Drucker

7

Para aumentar la productividad

Palabras clave	Productividad; priorizar; tareas esenciales; 80/20; cuantificar; *multitasking*; distracción; interrupción; redes sociales
Cantidad de palabras	1969
Tiempo de lectura	10 minutos

Hablar de la productividad ha pasado de moda. Hoy en día, la idea está teñida de connotaciones negativas, como la microgestión, la búsqueda infructuosa de tareas infinitas y la falta de equilibrio entre el trabajo y la vida personal, así como la salud mental. Sin embargo, no tengo reparos en afirmar y sostener que el deseo de lograr más sigue siendo relevante, importante y honorable, tanto en el trabajo como en el hogar. Y el timeboxing nos ayuda a lograrlo.

TOMAR LAS DECISIONES CORRECTAS

Como dice Drucker,[28] obtenemos mejores resultados cuando nos concentramos en las cosas correctas. Nos enfocaremos en las cosas correctas si, cuando elegimos qué hacer, estamos en un buen estado mental, sin fatiga, distracciones o angustia. Entonces, podremos ocuparnos de aquellas cosas que queremos y necesitamos llevar a cabo. Si, en cambio, nos tropezamos con las situaciones porque estamos a la deriva, no podremos prestarle tanta atención a aquello que nos importa.

El timeboxing nos ayuda a abordar la mayoría de los tipos de tareas. Las urgentes que tienen plazos inminentes pueden identificarse y priorizarse con facilidad gracias a ello. Las actividades menos urgentes, como aprender algo nuevo, también pueden abordarse al asignarles un timebox específico en el momento oportuno. De esta manera, evitamos postergarlas de manera indefinida. En cuanto a las tareas difíciles, aquellas que de forma consciente o inconsciente solemos evitar, es fundamental abordarlas directamente en los momentos en que contamos con mayor energía para llevarlas a cabo. Las tareas fáciles, que por sí solas quizá parezcan demasiado triviales como para planificarse, pueden agruparse en un solo timebox que tenga un tamaño y un contenido más conveniente. Las tareas inútiles y contraproducentes se muestran tal como son: indignas de merecer un lugar en nuestro calendario, y estamos en todo nuestro derecho de descartarlas.

Intentemos ponderar los beneficios. Supongamos que el valor de una tarea se califica en una escala de 1 a 10. Y supongamos que cuando trabajas en tareas tal como vienen, el valor promedio es 6. Además, supongamos que cuando eliges con anticipación qué tareas vas a realizar, el valor promedio es 8. Bueno, eso quiere decir que el valor de esas tareas ha aumentado un 33 %. Ese aumento puede ser mucho mayor si asumimos que la regla del 80/20 se aplica al trabajo del conocimiento. Una pequeña cantidad de tareas vitales puede aportar la mayor parte del beneficio productivo.

LA SUPUESTA LEY DE PARKINSON

Si invertimos un antiguo dicho, obtendremos mejores resultados. La Ley de Parkinson[29] es una afirmación que, si bien es irónica, es ampliamente aceptada y sostiene que «el trabajo se expande hasta que ocupa por completo el tiempo destinado para su realización».

Si dispones de treinta minutos para ordenar tu habitación, te llevará ese tiempo; sin embargo, si cuentas con sesenta minutos, te llevará sesenta minutos de todas formas. La pérdida de tiempo descrita por esta ley se asocia y se explica gracias a la procrastinación. El timeboxing se aprovecha de la cara opuesta de este dicho: el trabajo se contrae para ocupar el tiempo asignado para su realización. Entonces, lograremos completar la misma tarea, aunque se reduzca el tiempo asignado a un timebox. Toda una ganga.

Hay estudios científicos que respaldan esta idea. En uno de ellos,[30] se les pidió a estudiantes universitarios que evaluaran cuatro conjuntos de fotos. Justo antes de que comenzara el experimento, se informó a uno de los grupos que al final no evaluarían el cuarto conjunto de fotos. Sin embargo, dedicaron casi la misma cantidad de tiempo que sus compañeros que sí evaluaron los cuatro conjuntos para completar la tarea; la evaluación de los tres conjuntos de fotos se expandió hasta ocupar el tiempo asignado para su realización. «Si se cancela la tarea prevista para el próximo trabajo, o en términos más generales, si surge tiempo adicional, la dilación de los trabajadores en su tarea actual podría transformarse en una ineficiencia sustancial y costosa». Este efecto se observó en varias instancias. En otro estudio,[31] a los participantes se les asignó al azar períodos de cinco o quince minutos para completar tareas idénticas. Aquellos a quienes se les asignaron quince tardaron bastante más tiempo en completarla. Un tercer estudio[32] informó que más de un tercio de la variación en las calificaciones de los exámenes finales podría atribuirse a la procrastinación.

Por supuesto que hay algunos límites para esta supuesta ley. Puedes intentar establecer un límite de una hora para redactar una propuesta de diez mil palabras desde cero, pero no podrás hacerlo. El timeboxing no es mágico. Los estudios mencionados por lo general hacen referencia a ahorros de tiempo que van desde una cuarta parte hasta la mitad. Asimismo, hay investigaciones que indican que la calidad tiende a disminuir a medida que se reduce el tiempo asignado. En un estudio más reciente[33] (2014), se confirmó lo siguiente: «Los estudiantes que trabajan bajo presión de tiempo obtienen un promedio de alrededor de 3 puntos menos que la calificación alcanzada por los estudiantes que trabajan en ausencia de presión de tiempo».

Todo esto parece plausible: disminuimos la intensidad de nuestro esfuerzo cuando la fecha límite está lejos y solo lo hacemos hasta cierto punto. Aun así, si podemos exprimir un tercio adicional de producción de nuestro tiempo al conocer esta tendencia, hagámoslo.

LOGRAR TERMINAR TODO A TIEMPO

El timeboxing desglosa las tareas grandes y las convierte en pequeñas unidades de tiempo predecible que sean más fáciles de manejar. Por lo tanto, este método te permite visualizar todos los componentes de un proyecto grande, ya sea mudarse, lanzar un nuevo producto u organizar una gran fiesta de cumpleaños. Esto te ayuda a determinar si es viable completarlo en el tiempo disponible o si se necesita un plan alternativo. Además, asegura que, si hay suficiente tiempo, todas las tareas se completen antes de la fecha límite.

MULTITASKING

En el capítulo 4 exploramos algunas de las emociones negativas que el *multitasking* puede traer aparejadas. Pero lo que no dijimos es que también tiene un efecto negativo y cuantificable en la productividad.

Hoy en día, para la mayoría de las personas, *multitasking* implica gestionar notificaciones (en cualquiera de sus formas) mientras se lleva a cabo otra tarea. Nadie intenta redactar un informe mientras mantiene una conversación o revisar gastos mientras realiza una presentación. El *software* moderno (Microsoft Teams,

Slack, el correo electrónico, etc.) y el *hardware* (computadoras portátiles, tabletas, *smartphones*, *smartwatches*, etc.) generan numerosas notificaciones diarias que no se coordinan con otras tareas de manera útil. La tentación de verificar quién envió qué es constante y la llevamos arraigada en nuestro interior.

En general, podremos lograr más cosas si realizamos las tareas de una en una. Hacer *multitasking* y cambiar el contexto hace que *seamos* menos productivos; según un estudio que se llevó a cabo en 2001, el costo empresarial de este tipo de prácticas puede alcanzar hasta el 40 % del tiempo productivo.[34] Además, puede ser peligroso en determinados contextos, como por ejemplo enviar mensajes de texto y conducir, que suele ser la causa de más de tres mil muertes[35] anuales en los Estados Unidos. Las tareas que implican una alta carga cognitiva, como ayudar a tu hijo/a con álgebra o revisar un documento legal, son especialmente vulnerables a las interrupciones y al *multitasking*, ya que nos lleva mucho tiempo retomar la concentración. Si bien existen algunas combinaciones excepcionales de tareas que pueden llevarse a cabo al mismo tiempo, como analizaremos en el capítulo 18, en la mayoría de las actividades, el timeboxing prevalece sobre la opción del *multitasking*, enfatizando la eficacia de abordar una tarea a la vez.

TIEMPO MUERTO

Durante el transcurso del día, todos tenemos «tiempo muerto». Ya sea cuando esperamos el autobús o durante el trayecto al trabajo. También cuando esperamos que llegue un amigo con quien hemos quedado para tomar un café. Esas maravillosas ocasiones en las que una reunión termina antes de tiempo o se cancela. La mayoría de nosotros tiende a llenar esos instantes con alguna actividad en la pantalla. Usar el teléfono se ha convertido en un comportamiento por defecto en los últimos tiempos. Actualmente, dedicamos más de dos horas al día[36] a consumir contenido fugaz en redes sociales, que disfrutamos en la comodidad casi perfecta que nos dan nuestros teléfonos inteligentes. Nos desplazamos por la pantalla sin parar, a menudo sin siquiera disfrutarlo; la realidad es que estamos más inclinados a la adicción que al entretenimiento.[37] Nuestro tiempo muerto se consume, en general, en beneficio de las grandes tecnológicas y no de nosotros. Los minutos que se pierden se acumulan y se convierten en horas y más horas. Imagina qué pasaría si destináramos ese tiempo a hacer actividades más útiles. Practicar timeboxing y aprovechar estos pequeños momentos inesperados con un objetivo concreto podría proporcionarte una hora extra de productividad diaria.

AGUJEROS SIN FONDO

El trabajo del conocimiento es infinito. Algunos expertos en productividad sugieren que la forma correcta de responder a este hecho es aceptarlo y apartarse de él. A menudo, se utilizan los correos electrónicos como ejemplo de esto: tienes muchos correos, los respondes y luego recibes más, y así sucesivamente... Es interminable.

Pero no es del todo cierto. Aunque es probable que nunca lleguemos al último correo electrónico de nuestra bandeja de entrada (en ese sentido, sí es interminable), en general, la información que se intercambia a través de correos electrónicos suele ser valiosa. Si bien es posible que tu bandeja de entrada haya crecido después de haber enviado algunos correos electrónicos, también es posible que, durante ese tiempo, tu proyecto esté más cerca de completarse, ese trato esté más cerca de cerrarse, ese miembro de tu equipo se sienta más incluido, y todo gracias al movimiento de tus correos electrónicos. Por supuesto, también es cierto que necesitas tener control sobre tu bandeja de entrada y no dejar que te abrume o que afecte a otras responsabilidades. Exploraremos las formas de protegerte contra esto en el *Capítulo 11 – Crear las cajas*.

Si consideramos todos los factores que forman parte de este juego: trabajar en las tareas correctas, exprimir al máximo cada timebox, reemplazar el *multitasking* por hacer una sola tarea a la vez y aprovechar esas búsquedas que parecen interminables, el aumento de productividad será muy importante. (Qué casualidad y qué notable coincidencia que aquellas personas que monitorearon y llevaron un registro de su ingesta calórica lograron perder el doble de peso que aquellas que no lo hicieron).[38] Puede que sea ingenuo por mi parte asignarle un número, pero me da la impresión de que, si se aplicara el timeboxing de manera adecuada, podría aumentar sustancialmente la productividad, y por lo menos duplicar lo que mencioné en mi artículo de 2018.[39]

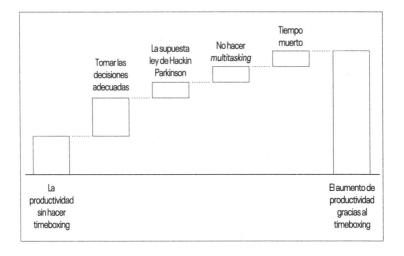

⌘ ⌘ ⌘

A medida que incorporamos los beneficios discutidos en los tres capítulos anteriores, como sentirse mejor, pensar de manera más inteligente y colaborar de manera más armoniosa, deberías empezar a reconocer que el timeboxing es un superpoder.

Pero eso no es todo...

Recapitulemos

- Buscar lograr más con el tiempo que tenemos es una meta valiosa.
- El timeboxing aumenta la productividad al poner el foco principal en las actividades adecuadas.
- La Ley de Parkinson cuenta con respaldo científico; aprovecharla puede aumentar la productividad en un tercio.
- El *multitasking* afecta la productividad en un 40 %.
- Aprovechar el tiempo muerto que tienes a lo largo del día con algún objetivo concreto en lugar de seguir las órdenes de los algoritmos de tus aplicaciones puede brindarte una hora adicional al día.
- En resumen, el timeboxing duplicará nuestra productividad.

Reflexionemos

- ¿Con qué seguridad crees que te concentras principalmente en las tareas correctas? ¿Estás más seguro de que lo haces en el trabajo o en casa?
- ¿Haces *multitasking*? ¿En qué situaciones? ¿Sientes que necesitas hacer un cambio en ese aspecto?
- ¿Qué es lo que más te roba tiempo en tu vida? ¿Las redes sociales? ¿Los servicios de *streaming*? ¿Las discusiones? ¿Otras adicciones? ¿Preocupaciones? ¿Procrastinar?

Al colgar el teléfono, lo entendí. Él creció
y se convirtió en mí.
Mi muchacho es igual a mí.

—Harry Chapin y Sandra Gaston Chapin,
«Cat's in the Cradle».

8
Para llevar una vida intencional

Palabras clave	Vida; propósito; significado; planear; elegir una vida; arrepentimiento; intención; conmovedor; valorar
Cantidad de palabras	1620
Tiempo de lectura	8 minutos

El buen uso del tiempo se refleja en una vida bien aprovechada.

El timeboxing puede optimizar el uso que les das a quince minutos, una hora o un día entero, que son las duraciones a corto plazo que suelen asociarse con este método. Sin embargo, estos períodos de tiempo se acumulan a lo largo de semanas, meses y años. Por ese motivo, esta práctica puede ser clave para elegir y transformar tu vida por completo. Quizás esa vida sea lo único sobre lo que puedes influir, es lo único que tienes en todo el universo y para toda la eternidad. Precisamente en la finitud de nuestra existencia, un término acuñado por Oliver Burkeman para describir un aspecto esencial de la condición humana, radica una gran oportunidad para decidir qué hacer y para hacer que nuestra vida sea especial.

Todos los beneficios que hemos explorado hasta ahora se entrelazan para contar una historia completa. Gracias al timeboxing, observamos una mejora en nuestro bienestar, pensamos con inteligencia, colaboramos de manera armoniosa y logramos más. Estos beneficios se combinan y se acumulan, dejando un rastro (el registro explorable que mencionamos en el capítulo 3) de todo lo que hemos logrado. A medida que vivimos, ese rastro crece. Al elegir de manera proactiva nuestro futuro a corto y largo plazo, nos aseguramos de que ese rastro sea abundante y se ajuste a nuestros términos. El timeboxing es clave para lograrlo.

EL CORTO PLAZO

Consideremos el corto plazo como los próximos doce meses.

Sentimos que las distintas áreas de la vida nos empujan a ir en diversas direcciones. El timeboxing nos impulsa a reflexionar sobre estas tensiones, a abordarlas con una aspiración intencional, y nos ayuda a materializar esa aspiración. Esta práctica puede ser bastante tangible. Por ejemplo, supongamos que decides que es fundamental dedicar más tiempo de tu vida a actividades creativas. Entonces, piensa en algunas, configúralas con timeboxes en tu calendario y etiquétalas con un color específico, como el azul.[40] De inmediato, tu calendario se convierte en una representación visual de tu progreso hacia ese objetivo y un recordatorio (cuando hay poco azul) de cuándo debes tomar medidas correctivas. Incluso puedes ser más preciso: quiero dedicar el 25 % de mi tiempo a ser creativo, por ejemplo. Todo queda registrado en tu calendario para después revisarlo y perfeccionarlo (e incluso cuenta con cierta automatización si utilizas funciones como Estadísticas de tiempo de Google o Viva Insights de Microsoft en Outlook).

Vale la pena reflexionar sobre cuáles son las áreas más importantes de tu vida. Revisar el historial de tu calendario te brindará una gran fuente de inspiración. Aquí tienes una lista de las tensiones más comunes para que veas con cuáles te sientes más identificado:

- **Trabajo vs. tiempo libre.** Aunque es un cliché, sigue siendo crucial. ¿Cuántas horas crees que es saludable trabajar, en promedio? Establécelas, cúmplelas y luego desconéctate del trabajo. Deberás tomar medidas en contra de la invasión del tiempo libre con el uso de dispositivos y *software* (ver *Capítulo 23 – Herramientas y tecnología*).

- **Cuidado personal vs. responsabilidades hacia los demás.** ¿Dedicas suficiente tiempo a cuidar de ti mismo? ¿Practicas meditación, haces ejercicio, cuidas tu dieta, escribes en un diario, haces terapia, reflexionas?

- **Aprendizaje vs. trabajo.** ¿Cuánto tiempo dedicas a aprender cosas nuevas durante las horas laborales? ¿Tu empleador te facilita esas horas? Si no es así, tal vez debería; en la actualidad, muchos empleadores ofrecen una hora a la semana.

- **Tensiones relacionadas con el trabajo: ir a la oficina vs. trabajar desde casa; turnos nocturnos vs. diurnos; roles desafiantes vs. repetitivos.** ¿Has pensado con detenimiento en qué es lo que funciona para ti, tu familia y tu trabajo? Si ha sido así, ¿has hecho todo lo posible para efectuar ese cambio?

- **Socializar vs. familia vs. tiempo a solas.** ¿Sigues dedicando tanto tiempo como quisieras, o como deberías, a pasar tiempo con tus amigos? ¿Sabes quiénes son tus verdaderos amigos? ¿Pasas suficiente tiempo de *calidad* con la familia, como tener comidas juntos y estar completamente presente cuando eso sucede?

- **Tiempo productivo vs. tiempo de ocio.** Fuera del trabajo, aún podemos elegir ser productivos. Hacer ejercicio, practicar deporte, tocar un instrumento musical, leer, hacer tareas administrativas y aprender un nuevo idioma son todas actividades que se consideran productivas. ¿Pero pasas *demasiado* tiempo haciendo estas actividades? ¿Quizá necesitas una dosis de diversión y frivolidad? Si es así, ¿cuánto y cuándo? ¡Timeboxéalo!

- **Metas a corto plazo (dentro de los 12 meses) vs. metas a largo plazo (más de un año).** ¿Encuentras el equilibrio adecuado entre el corto y el largo plazo? Para ti, ¿cuál sería ese equilibrio en términos porcentuales?
- **Pareja vs. hijos.** Para aquellas personas que tienen ambos, ¿dedicas la cantidad adecuada de tiempo de calidad a cada miembro de tu familia? ¿Has ignorado un poco a alguno de ellos? Reflexiona sobre ello, toma decisiones y actúa en consecuencia.

LARGO PLAZO

Hace no mucho tiempo, pensar en grandes metas a largo plazo carecía de sentido. Nuestra vida era más corta y no teníamos tantas opciones para elegir. Sin embargo, en la actualidad, nuestra expectativa de vida es más larga; en el Reino Unido, uno de cada tres bebés de hoy podría vivir hasta los cien años.[41] Como se sostiene a lo largo de este libro, tenemos muchísimas opciones, tanto en las acciones más cotidianas como en la elección del camino de vida a seguir (dónde vivir, con quién compartir la vida, qué carrera seguir, qué habilidades desarrollar).

En las primeras sesiones, los *coaches* de vida suelen pedirles a sus clientes que reflexionen y escriban sus metas, y les proporcionan sugerencias para poder identificar los pasos hacia ese estado deseado en el futuro. El timeboxing puede ofrecer estos pasos y orientarnos en nuestro camino.

Al acercarnos al final de nuestra vida, la mayoría anhela poder mirar atrás y sentir que el tiempo que vivimos valió la pena y no arrepentirnos de nada. Poder reflexionar sobre algunos de los grandes motivos de arrepentimiento que expresan las personas mayores antes de fallecer es conmovedor y revelador:

- pasar demasiado tiempo preocupándose;[42]
- no ahorrar lo suficiente para la jubilación;[43]

- no ser fieles a sí mismos;[44]
- no viajar más;[45]
- no pasar suficiente tiempo con la familia y los amigos;
- no perseguir su pasión: muchas personas mayores lamentan no haber seguido sus sueños y pasiones en su juventud;
- no cuidar su salud como es debido;
- no defenderse;
- no buscar oportunidades de educación o aprendizaje;
- no expresar amor y aprecio.

Si sientes la motivación de tomar medidas preventivas respecto a alguno de estos o cualquier otro arrepentimiento, una vez más, el timeboxing puede ser de gran ayuda. Supongamos que para ti es importante explorar más el mundo. Piensa cuándo lo harías, dónde quieres ir y cuánto costaría. Luego, elabora un plan. Establecer un timebox mensual periódico para planificar el viaje sería un buen comienzo. Además, podrías estipular algunos objetivos financieros para concretar esa meta. Si realizas uno o dos viajes este año, tendrás la seguridad de que establecer un plan similar (pero mejorado) el próximo año también funcionará. Y al año siguiente. Una década después, serás el trotamundos curtido por el clima que siempre quisiste ser.

No hace falta que una vida intencional y bien aprovechada sea glamorosa. Gran parte de las actividades que hacemos son comunes y recurrentes. Comemos, bebemos, dormimos, pensamos e interactuamos con aquellos que tenemos cerca todos los días. La mayoría de las personas podría beneficiarse de tener recordatorios para mantener una dieta más variada, moderar el consumo de alcohol, asegurarse de tener un sueño reparador, cultivar pensamientos positivos y ser amables con los demás. El timeboxing puede ayudarnos a realizar estas actividades diarias de manera más saludable, intencional y feliz.

El largo plazo puede concebirse como algo que se extiende más allá de nuestra propia vida. Los efectos secundarios de nuestras acciones trascienden nuestra existencia individual. Ciertos comportamientos, ya sean positivos o negativos, y en especial aquellos que afectan a personas más jóvenes (incluyendo, pero no limitándose, a nuestros hijos), probablemente perdurarán de alguna forma. Tenemos la opción de romper ciclos negativos y de iniciar ciclos positivos. Esto es lo que nos advierte y ofrece como oportunidad la letra de la canción que está al principio de este capítulo.

La práctica diaria de actividades intencionales tarde o temprano nos llevará en la dirección de aquello que casi todo ser humano desea con más ganas: la vida que elegimos y anhelamos.

⌘ ⌘ ⌘

En los últimos capítulos, hemos revisado los principales beneficios del timeboxing. Algunos ayudan con el pasado (como llevar un registro confiable), otros con el presente (tener serenidad, pensar con inteligencia, colaborar y ser productivos), y algunos con el futuro (llevar una vida intencional). Quizá pueda resultarte motivador visualizarlos todos juntos:

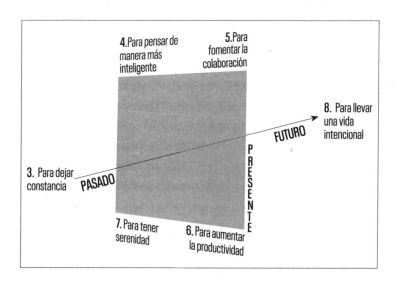

De lo que sí podemos estar seguros, más allá de la totalidad del universo, es de que solo estamos aquí durante unas pocas décadas en las que tenemos la oportunidad de tomar decisiones. Aprovechemos esas decisiones para elegir la vida que queremos en realidad.

Recapitulemos

- Cómo empleas tu tiempo cada día determinará cómo habrá sido tu vida.
- Reflexionar sobre las tensiones presentes en tu vida y determinar si estás dedicando tu esfuerzo y tu tiempo de manera apropiada es revelador.
- En una perspectiva a largo plazo, es importante reflexionar sobre tus metas, qué hitos te acercarían a ellas y qué timeboxes a corto y mediano plazo pueden ser tus aliados en ese camino.

Reflexionemos

- ¿Con cuál de las tensiones a corto plazo mencionadas en este capítulo te sientes más identificado?
- ¿Hay algún pequeño cambio que puedas implementar para mejorar una de esas tensiones a corto plazo en tu vida?
- ¿Cuál de las tensiones a largo plazo mencionadas antes crees que sentirías si tu vida siguiera su curso actual? ¿Qué plan podrías idear para prevenir ese futuro arrepentimiento?

PARTE DOS – PLANEAR

⌘ ⌘ ⌘

La segunda parte consiste en organizar tus
timeboxes antes del ajetreo del día. Como
observamos en el capítulo 2, las intenciones de
implementación funcionan; es decir, si elaboras un
buen plan, es probable que lo lleves a cabo.
Te explicaré cómo hacerlo y para ello es necesario
mantener la consistencia, utilizar tu lista de tareas
pendientes, estimar la duración de cada tarea y
organizarlas de manera adecuada. Estos quince
minutos de planificación son cruciales y determinan
las siguientes quince horas de tu día.

Hazlo lo mejor que puedas hasta que sepas más.
Cuando sepas más, hazlo mejor.

—Maya Angelou

9

Los principios básicos

Palabras clave	Esenciales; sentar las bases; calendario; mentalidad; entorno; espacio de trabajo; distracciones; concentración; *smartphone*
Cantidad de palabras	1335
Tiempo de lectura	7 minutos

Este capítulo es muy fácil de leer. Tal como vimos en el capítulo 1, el timeboxing es, entre otras cosas, algo que nos sale de forma natural porque, en cierta medida, todos lo practicamos. Por lo tanto, se necesita muy poco para comenzar.

SOLO UN POCO DE TIEMPO: 15/15

Hay que timeboxear el timeboxing. Y esto no es un simple trabalenguas. Uno de los ingredientes clave del método, incluido de manera explícita en la definición del capítulo 1, es que elegimos en qué trabajar *cuando estamos en las condiciones adecuadas para hacerlo*. Y eso implica programar un poco de tiempo en el calendario antes de las tareas en sí, ya sea para hacer el timeboxing diario o la variedad a más largo plazo.

En el caso del diario, lo más probable es que se realice la noche anterior o la mañana de tu día laboral. La primera opción tiene la ventaja de que tendrás una noche de sueño adicional en la que tu cerebro puede realizar las asociaciones y consolidaciones necesarias. La segunda opción tiene el beneficio de estar más fresco para pensar (mi opción preferida).

No necesitas mucho tiempo. Puedes organizar todo tu día en quince minutos. Sin embargo, estos pocos minutos son vitales y determinan en gran medida las siguientes quince horas de tu día. Así que programa ese rato en tu calendario. Ten en cuenta que esta es una actividad que encararás *a diario*, y es probable que sea la más importante del día, así que prográmala para que se repita todos los días. Haz que te resulte atractivo, sobre todo al principio; por ejemplo, podrías sincronizar el timeboxing diario con el momento en que disfrutas de tu bebida matutina preferida.

Estos quince minutos de planificación te dan control. Podríamos comparar este uso del tiempo con, por ejemplo, sumergirte directamente en tu bandeja de entrada (algo que muchos hacen). Supongamos que en esos minutos logras revisar diez correos electrónicos. Es un progreso, sin dudas, pero no te daría una idea clara de cuántas cosas tienes pendientes, cuáles son tus prioridades, para qué cosas necesitas prepararte, a quién debes enviarle una nota, cuándo podrás tomarte un descanso, etc. El timeboxing te ofrece más que una simple noción de todo esto, te brinda un plan preciso y, con ello, la sensación de tener el control.

El timeboxing a largo plazo, es decir, semanal, mensual, trimestral o anual también debe planearse, para que así puedas asegurarte de que suceda. Quizá necesites una hora o más para estas sesiones de planificación a largo plazo. Sin embargo, el énfasis de este capítulo (y del libro en general) recae en la frecuencia más común e indispensable del timeboxing: la diaria.

LA MENTALIDAD ADECUADA

Para que el timeboxing te funcione, es necesario que adoptes la mentalidad adecuada. Debes estar abierto a la posibilidad de que este método te ayude a comprender qué deberías hacer, cuándo deberías hacerlo y, en consecuencia, a sentirte mejor. Una perspectiva crítica es bienvenida y, de hecho, será útil; sin embargo, el cinismo inflexible, no. Dado que estás leyendo este libro, es probable que ya hayas adoptado esa mentalidad, es decir, la perspectiva de que esta práctica realmente puede ayudarte. Y, ya que has llegado hasta aquí, eres consciente de sus seis beneficios mencionados en la Parte Uno.

EL ENTORNO ADECUADO

Optimiza tu entorno físico para poder adoptar y mantener la mentalidad adecuada para tu timebox. Agudiza cada uno de tus cinco sentidos de la manera más favorable para poder aclarar tu mente y realizar una práctica efectiva.

- **Vista.** Desactiva las notificaciones, reduce el acceso a dispositivos que emitan notificaciones y cierra las pestañas del navegador que no necesitas (ve a pantalla completa con F11 en un PC o comando + control + F / Fn + F en un Mac). Que tu calendario sea el foco principal de tu experiencia visual durante esta sesión de planificación. En el mundo físico, ajusta la iluminación y mantén ordenado tu espacio de trabajo. Dedica unos minutos al final de este punto para considerar el paisaje visual desde donde sueles trabajar o pasar la mayor parte del tiempo. Organizar nuestro campo de visión para evitar distracciones es obvio, pero, en mi experiencia, el 95 % de las personas no lo hacen.
- **Oído.** Elige los sonidos adecuados para la ocasión: música, sin música, música sin palabras, cancelación de ruido.

- **Olfato.** Velas aromáticas, difusores, ventanas abiertas, aromas agradables.
- **Gusto.** Ten a mano cualquier bocadillo o bebida que desees; no te rindas ante la constante excusa de escapar de la tarea que estás haciendo para ir a la cocina/comedor/cafetería.
- **Tacto.** Asegúrate de adoptar una postura adecuada y de estar rodeado de herramientas y accesorios que te hagan sentir preparado, tranquilo y concentrado.

La mayoría de las personas prefieren estar solas mientras timeboxean su día. Decidir qué harás durante el día es una actividad personal. Por lo tanto, si tienes tu propia habitación u oficina, cierra la puerta e informa a las personas que ahora no es momento para charlar.

El entorno juega un papel importante en la formación de hábitos. Tener una lista con todos los elementos que necesitas para tu día (llaves, billetera, teléfono, etc.) pegada en tu puerta principal puede prevenir lapsos innecesarios e irritantes. Dejar un libro en la cama por la mañana aumenta las posibilidades de que lo leas esa noche. Piensa en el entorno físico y digital habitual con el que comienzas o terminas tu día. ¿Qué te motiva, te hace sentir bien y concentrado? Y ¿qué te desmotiva, te hace sentir mal y te desconcentra? Rodéate de aquello que te hace bien (ver *Capítulo 19 – Construir el hábito*).

UN CALENDARIO DIGITAL

Lo único que necesitas es un calendario, de verdad. Si bien los calendarios en papel (al igual que los blocs de hojas con diseños sofisticados que promocionan los comercios en línea como planificadores de timeboxing) sin duda son compatibles con el timeboxing, carecen de los beneficios más importantes que sus equivalentes digitales tienen para ofrecer. Los digitales permiten explorar información clave con una simple búsqueda de texto. Pueden compartirse con colegas, amigos y familiares; pueden protegerse con un cifrado y una contraseña; y pueden guardarse en la nube y sincronizarse en todos tus dispositivos. Aconsejo rotundamente optar por un calendario *digital*.

Hay otros elementos que no son tan esenciales y puedes pasar por alto por el momento. Muchos calendarios digitales ofrecen funciones avanzadas que muy pocos usan o necesitan. Puedes omitirlas. También existen programas que te ayudan con el timeboxing, pero, por ahora, te recomiendo que los omitas; retomaremos este tema en el *Capítulo 23 – Herramientas y tecnología.*

CONFIGURA UN TIMEBOX PARA HACER TIMEBOXING, AHORA

Ahora, ve a tu calendario digital. Agrega un evento de quince minutos titulado «Timeboxear el día de hoy» para mañana por la mañana, poco después de tu hora habitual de despertar, que se ajuste a tu rutina. Haz que el evento se repita todos los días. Luego, utilízalo para organizar ese día y todos los días subsiguientes. Esta es una experiencia inmersiva para practicar mientras aprendemos.

⌘ ⌘ ⌘

Un cuarto de hora, la mentalidad y el entorno adecuados, y un calendario digital son aspectos esenciales para el timeboxing. Pero hay un elemento más que necesitamos timeboxear de forma correcta. Se trata de una práctica muy conocida y común que, en mi opinión, recientemente ha recibido críticas injustas: la lista de tareas pendientes.

Recapitulemos

- No necesitas mucho para empezar a planificar tus timeboxes.
- Para ponerte en marcha, lo que necesitas es lo siguiente:
  - la mentalidad adecuada,
  - el entorno adecuado,
  - un calendario digital,
  - 15 minutos para poder planificar.

Reflexionemos

- Examina tu entorno de trabajo actual, ya sea en la oficina o en casa. ¿Qué hábitos positivos estimula? ¿Cuáles son los comportamientos no deseados que puede generar?
- ¿En qué momento del día te parece más adecuado programar los quince minutos para planificar tus timeboxes diarios? ¿Qué te impide hacerlo en este momento?
- Si no tienes un calendario digital, créalo, ahora. En caso de que ya tengas uno, prueba distintas configuraciones para optimizar tu experiencia.

Actualizar lista.
Una cosa.
Más otra cosa.
Pero no todas estas.

—Anónimo

10

La lista de tareas pendientes

Palabras clave	Pendientes; lista; recordatorio; priorizar; ayuda para la memoria
Cantidad de palabras	2973
Tiempo de lectura	15 minutos

Este es uno de los capítulos más importantes del libro.

La lista de tareas pendientes es una recopilación personal de las actividades que planeas realizar, y a menudo suele utilizarse como una ayuda para la memoria. El calendario, por otro lado, es una herramienta para hacer un seguimiento de los eventos que tienes planeados. El timeboxing es una fusión de ambos; consiste en seleccionar las tareas adecuadas de tu lista de pendientes, colocarlas en el calendario y asegurarte de que se lleven a cabo según ese cronograma. Tanto las listas de tareas pendientes como los calendarios podrían considerarse precursores de este libro.

Más de tres cuartos[46] de la población tiene una lista de tareas pendientes, pero sospecho que muy pocos la gestionan de manera óptima. Estas listas suelen ser privadas, lo que dificulta ver qué hacen los demás, compartir buenas prácticas, iterar o medir la efectividad. La literatura que existe sobre este tema (disponible en Internet y en libros) es un reflejo de esto; carece de una investigación y reflexión sólidas y parece endeble y poco convincente.

Este capítulo es más extenso y sostiene que las listas de tareas pendientes en realidad son un elemento esencial, describe qué son, de dónde provienen y hacia dónde van, y además te ayuda a hacerlas mejor.

EN DEFENSA DE...

Parece que las listas de tareas pendientes no están de moda. Las principales críticas suelen apuntar a que tienen una o más de las siguientes particularidades:

- **Son inmanejables.** Tenemos tantas cosas que hacer provenientes de áreas tan dispares e incomparables de nuestra vida que la lista de tareas pendientes se vuelve difícil de manejar, abrumadora, imposible e incluso, según Cal Newport —autor de *Céntrate (Deep Work)*—, «inhumana». Por lo tanto, nos generan estrés y frustración, y prácticamente no progresamos con ninguna de las tareas.
- **Son poco realistas.** Esas listas nos imponen expectativas poco realistas de nosotros mismos. Por lo tanto, terminamos agotados o con el sentimiento de haber fallado. Una de las estadísticas que más se menciona es que el 41 %[47] de las tareas de la lista nunca se completa.
- **Son poco ambiciosas.** Se concentran en tareas fragmentadas y urgentes en vez de contribuir a las metas y valores más amplios.

Sin embargo, estas críticas solo son una excusa para gestionar *mal* las listas de tareas pendientes. Hay cientos de inventos creados por el ser humano, como cuchillos, vehículos, palabras, entre otros, que pueden usarse de manera ineficaz, deficiente e incluso perjudicial. Pero el verdadero problema es cómo se *aplica* ese invento, no el invento en sí. En este capítulo veremos que las listas de tareas pendientes bien elaboradas refutan todas las críticas anteriores.

A FAVOR DE...

La lista de tareas pendientes no solo es defendible, sino que es indispensable.

Representa los elementos que consideras importantes, tu agenda, tus elecciones, tu autonomía. Este concepto marca una clara diferencia con la bandeja de entrada, que es una lista de mensajes y solicitudes de otras personas.

Su función principal es ser un memorando. En estos tiempos agitados y frenéticos, cada nuevo pensamiento, mensaje, notificación o experiencia constantemente desplaza al anterior. Nuestra vulnerabilidad frente al olvido es evidente; de hecho, podría ser una característica de diseño evolutivo.[48] Las listas de tareas pendientes que son simples y accesibles nos aseguran que nos vamos a acordar. También alivian nuestra memoria operativa. Al trasladar una idea desde un lugar que requiere esfuerzo cognitivo a uno que no, liberamos la mente y reducimos el estrés.

Además, la lista es una manifestación de nuestro potencial, ya que hacemos una selección entre las innumerables ideas, actividades y aspiraciones que hay disponibles para nosotros como espíritus libres en el planeta Tierra. Esta lista proviene de tus *podría hacer*, un conjunto de cosas que rebosa y brilla con la cantidad casi infinita de posibilidades que alberga, y define nuestra ambición y capacidad.

La lista de tareas pendientes se convierte en una parte esencial del trabajo y la vida para la mayoría de las personas.

Aunque es esencial, por sí sola no basta para realizar las cosas de manera satisfactoria, ya que lo único que hace es indicarnos lo que posiblemente deberíamos hacer *en algún momento*. Aquí es donde entra en juego el timeboxing, ya que fija esos puntos y garantiza que ocurran a medida que el futuro se despliega.

¿CON QUÉ SE NUTRE
UNA LISTA DE TAREAS PENDIENTES?

Dado que las listas de tareas pendientes son un requisito previo para hacer timeboxing, entenderlas bien es crucial. Sigamos la cadena causal y preguntémonos: ¿de dónde provienen los elementos de una lista de tareas pendientes? Hay cinco fuentes principales:

- **Ideas.** Recuerdas una promesa que le habías hecho a alguien la semana pasada. Se te ocurre una idea brillante mientras te estás duchando. Ves a alguien en el tren que se parece a un viejo amigo de la escuela y de repente sientes la necesidad de ponerte en contacto con él. Tienes un pensamiento creativo y potencialmente útil mientras estás soñando despierto. Nuestro cerebro está todo el tiempo activo y es impredecible, al igual que los estímulos externos en nuestro entorno. De esta manera, las ideas, pensamientos, ocurrencias y epifanías se convierten en una rica fuente de posibles tareas. Te sugiero que también tengas una lista de temas pendientes por aprender como parte de tu lista de tareas pendientes, donde puedes incluir cualquier cosa que despierte tu curiosidad y que no hayas tenido tiempo de abordar en el momento.
- **Mensajes.** Recibimos más de cien[49] correos electrónicos al día y una cantidad similar de mensajes a través de aplicaciones de mensajería y redes sociales. Aunque muchos de ellos son automatizaciones o contienen información trivial e irrelevante, hay algunos que requieren que reflexionemos y, después, tomemos algún tipo de medida, lo cual los convierte

en tareas pendientes. Incluso los mensajes más triviales deben abordarse de alguna manera, y eso también se convierte en una tarea pendiente.

- **Reuniones y conversaciones.** Pasamos una cuarta parte de nuestra vida laboral en reuniones y tenemos veintisiete conversaciones[50] por día. Estas interacciones con otros seres humanos pueden generar tareas de diversas maneras. Un jefe puede asignarte una tarea de forma directa, o quizás al conversar con un vecino mayor, te ofreces a ayudarle a reparar su valla. Las acciones que surgen al final de una reunión de trabajo también pueden tener tu nombre asignado.

- **El trabajo en sí mismo.** Cuando terminamos la presentación de ventas, nos damos cuenta de que necesitaremos ensayarla. Escribir el caso de negocios puede revelar que hace falta llevar a cabo más investigaciones en el mercado objetivo. Al utilizar el *software* de Gestión de Relaciones con el Cliente (CRM, por sus siglas en inglés), vemos varias entradas que deben completarse. Al iniciar sesión en nuestro *software* de gestión de tareas vemos que nos espera una serie de tareas pendientes. El trabajo engendra más trabajo.

- **Tareas de la vida cotidiana.** Existen muchas tareas domésticas, como lavar la ropa, limpiar, hacer la compra, pagar las facturas, cocinar, mantener el coche, la casa y el jardín, hacer ejercicio, cuidar la salud personal, planificar las vacaciones, atender a la familia y las mascotas, sacar la basura, reciclar y cumplir con responsabilidades comunitarias, entre otras. Hay muchas que hacemos con regularidad, mientras que hay otras que son menos predecibles, y algunas incluso pueden provenir de familiares, en especial de aquellos con los que vivimos. Tanto si las disfrutamos como si no, son tareas que deben llevarse a cabo.

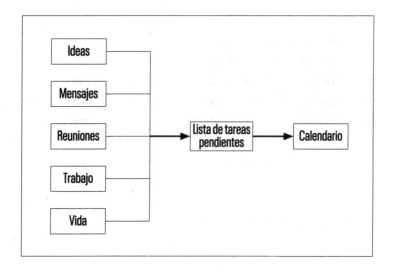

Reconocer de dónde provienen las tareas (seguro que puedes agregar algo a la lista anterior, ¿verdad?) y ajustar cómo llegan a tu lista de tareas pendientes puede marcar una gran diferencia. Para muchas personas, la cadena se rompe entre la fuente de la tarea y la lista, lo que de vez en cuando lleva a que se pierdan algunos elementos o queden tareas sin concluir. A veces, esta omisión puede tener consecuencias significativas, ya sea en el ámbito laboral o doméstico. Si no quieres perder nada, no puedes permitir que la cadena se rompa. La única manera de asegurar una cadena continua es observarla en su totalidad, desde el principio.

¿QUÉ SE NUTRE A PARTIR DE LA LISTA DE TAREAS PENDIENTES?

La lista alimenta tu calendario, tus timeboxes. Cuando empieces a planificarlos (con algo de tiempo, un calendario digital y la mentalidad y el entorno adecuados), necesitarás el material proveniente de tu lista de tareas pendientes. Al alimentar tus timeboxes a lo largo del día y completar tareas, también gestionas de manera efectiva tu lista de tareas *realizadas*, sin costo adicional.

¡Tu lista de tareas pendientes incluso debería contribuir a alimentar tu papelera! No todas tus ideas son buenas. De hecho, entre el momento en que una idea se añade a la lista y el momento en que la llevamos a cabo, el mundo puede cambiar, y eso puede hacer que la idea quede obsoleta. Querer terminar todas las tareas de la lista es, de hecho, una aspiración errónea.

CÓMO HACERLAS BIEN

La idea colectiva y los mejores métodos para hacer las listas de tareas pendientes, teniendo en cuenta que miles de millones de personas las hacen, son mediocres. He leído algunas de esas ideas y he aplicado algunos elementos del timeboxing con la esperanza de mejorar en esta actividad esencial que suele pasarse por alto.

Unidades manejables

Desglosa las tareas para que queden porciones más manejables. Claro, lo que es manejable para una persona puede no serlo para otra, pero el consenso (con el que estoy de acuerdo) es que las tareas deben llevar menos de medio día y no superar, idealmente, las dos horas. También pueden ser diminutas, como un recordatorio para enviar un correo electrónico de seguimiento o comprar leche de camino a casa. Ten en cuenta que la siguiente etapa en el proceso, el timeboxing, ofrece la oportunidad de desglosar aún más las tareas o agruparlas. No es necesario hacer todo el desglose de inmediato.

Para cada tarea, registra los detalles que sean suficientes para recordar de qué se trata cuando vuelvas a la lista («Investigar proyección astral» funciona; «Investigar» por sí solo puede no resultar muy claro unas horas o días después). Incluir información adicional, como duración estimada, importancia, urgencia, dependencias,

colaboradores, plazos, propósito final y categoría, también puede
ser útil, aunque no es esencial.

El proceso

Establece las categorías que nutren la lista (ver arriba) y organízalas
de manera que se alinee con lo que consideras más importante en
tu vida. Por ejemplo, 1,2 mil millones de personas usan WeChat,
dos mil millones usan WhatsApp y cinco mil millones envían y
reciben mensajes de texto. A menos que estés dispuesto a olvidar
cumplir promesas y realizar tareas, necesitarás un sistema para
cuando recibas un mensaje que deba convertirse en una tarea. Por
ejemplo, marca o guarda aquellos mensajes que requieran que hagas una determinada acción y configura un timebox (tal vez periódico) para abordar dichos mensajes. El objetivo es establecer un
flujo desde esta categoría de actividad que genera tareas hasta tu
lista de tareas pendientes (y, a su vez, hasta tu timebox), sin interrupciones en la cadena.

Establece un sistema equivalente para todas las demás actividades que generen tareas que podrían alimentar una lista de tareas
pendientes. No confíes en tu memoria, ya que a veces fallará y,
cuando suceda, la frustración que te genere puede ser insoportable.

Algunas personas manejan diversas listas de tareas pendientes
que abarcan diferentes aspectos de sus vidas, ya sea en el ámbito
laboral, social, financiero, el mantenimiento del hogar, asuntos familiares y tareas personales. Para la mayoría, hacer eso es contraproducente, ya que nos obliga a comparar las tareas en términos de
importancia y urgencia según las distintas listas en lugares diferentes. En última instancia, cada persona es una entidad única con
una línea de tiempo única. Así que tener una sola lista de tareas
pendientes, pero que sea completa, debería ser suficiente, especialmente si somos selectivos sobre qué incluir en ella.

Comienza con un verbo, porque un verbo es una palabra que
implica una *acción*.

Ordénala y mantenla organizada (por importancia). Esta es la instrucción más importante de todas y las opiniones sobre cómo hacerlo están divididas. Un grupo, incluyendo a Cal Newport, aboga por agrupar tareas similares, abordarlas en lotes e insertar descansos entre ellos para que el contexto cognitivo se disipe a tiempo para encarar el próximo lote. Eso tiene mucho sentido, pero sufre la desventaja de que es posible que las tareas urgentes puede que no se aborden tan pronto como es necesario (quedan enterradas en lotes más grandes). Otro grupo, en el que me incluyo, promueve ordenar las tareas por urgencia o importancia. A continuación te presentaré un método (un algoritmo bastante sencillo) que puedes utilizar cuando estés haciendo una selección entre una extensa lista de posibles tareas:

- Pégalas en una hoja de cálculo.
- Asigna a cada una de ellas un valor numérico aproximado (del 1 al 10, por ejemplo) que denote su urgencia/importancia en una columna adyacente.
- Ordénalas según los valores numéricos en esa columna.
- Céntrate en los pocos elementos cruciales que se encuentran en la parte superior (los elementos periféricos estarán en la parte inferior).
- Disfruta del reconfortante alivio que te da transformar una gran cantidad de elementos de importancia/urgencia variable o desconocida en una breve lista de tareas imprescindibles.
- Gestiona de forma apropiada los elementos de la extensa lista de tareas que no tienen prioridad. Elimínalos directamente o planifica revisarlos en el futuro (quizás algunos hayan adquirido relevancia para entonces).

Piensa en la manera que te resulte más conveniente para organizar tus tareas, pero asegúrate de asignarles algún tipo de orden. Si no encuentras un método que te convenza, siempre estarás dudando de ti mismo, revisando la lista y preguntándote si alguna otra tarea debería tener prioridad. Una lista organizada aligera la carga de tomar decisiones que suele venir acompañada de ansiedad y representa otra demostración del poder de concentrarse en una tarea a la vez.

Pódala sin piedad y con regularidad (podar listas de tareas es una tarea en sí misma que se puede timeboxear y sirve bastante si programas una cita periódica en el calendario). Alimentar la papelera con los elementos descartados de tu lista de tareas pendientes (es decir, tacharlos o eliminarlos de la lista) es una parte saludable del proceso.

Ten en cuenta que hay muchas listas de tareas prehechas, a las que puedes acceder con facilidad en Internet, que pueden ser útiles para ti: viajes, campamentos, conversaciones interesantes, compras, limpieza del hogar, mudanzas, preparación de entrevistas, seguridad en el hogar, mejoras en el hogar, listas de deseos, y así sucesivamente. Aprovecha el buen juicio y las prácticas que recomiendan los demás. O pídele a una IA generativa que te haga una lista.

Mecanismo

Yo sostengo que la lista de tareas pendientes más cómoda es la que está en formato digital y en la nube. De esta manera, se puede enlazar, compartir, copiar/pegar y hacer una copia de seguridad con más facilidad (coinciden con muchas de las ventajas que experimentan los usuarios de un calendario digital). Querrás acceder rápido a la lista, esté donde esté. No puedes arriesgarte a que las ideas se desvanezcan entre el momento en que las piensas y las anotas; la fricción debe reducirse al mínimo.

En mi caso, uso un solo documento de Google para mis notas y para mi lista de tareas pendientes. Cuando me siento abrumado por la cantidad de tareas que tengo (por ejemplo, al regresar de unas vacaciones), pego la lista de tareas pendientes en una hoja de cálculo, les asigno valores numéricos, las ordeno y luego las timeboxeo, tal como he explicado antes.

Sueña a lo grande

Muchos de los elementos de las listas de tareas pendientes serán triviales. La mayoría de los ejemplos que mencionamos en este capítulo también. Pero al limitar tu lista de esta manera, también limitas tu vida. Un sueño puede sentirse lejano e inalcanzable, pero también podría ser solo un elemento de tu lista y algunos timeboxes cuidadosamente planificados. Tanto si deseas aprender un nuevo idioma, cambiar de carrera, hacer campaña por una causa o convertirte en una persona más amable, siempre habrá un pequeño primer paso que puedas dar, para el cual tu lista de tareas pendientes podría ser un hogar feliz (temporal).

⌘ ⌘ ⌘

La lista de tareas pendientes está ahí para ayudar, no para obstaculizar. No te obsesiones, no la compliques demasiado. Si intentas registrar cada detalle y ceñirte a límites arbitrarios (un mínimo de X tareas grandes por día, un máximo de tareas en tu lista, etc.) que inventó algún gurú de la productividad, será menos probable que puedas mantener este hábito tan importante. Lo más esencial de este capítulo es que analices qué nutre tu lista, que la ordenes de alguna manera y, por supuesto, que luego la utilices para hacer timeboxing.

Recapitulemos

- La lista de tareas pendientes es un ingrediente esencial para hacer timeboxing y la mayor parte de la gente tiene una.
- Las ideas, los mensajes, las reuniones, el trabajo, la vida, entre otras cosas, nutren la lista de tareas pendientes.
- Los elementos de estas listas migran a un timebox en tu calendario (o a la papelera).
- Las prácticas que más se recomiendan implican:

- desglosarlas en partes manejables
- priorizar los elementos
- podarlas de vez en cuando
- conservarlas de forma digital y en la nube
- ser ambicioso

Reflexionemos

- Piensa acerca de las categorías de actividades que nutren tu lista de tareas pendientes. ¿Hay algunas que no se hayan mencionado en este capítulo? ¿Cuál de ellas te genera más esfuerzo? ¿Cuál te parece más gratificante?

- ¿Consideras que podrías mejorar el sistema que usas para alimentar tu lista de tareas pendientes? ¿Cómo lo harías? *¿Cuándo* lo harías?

- Échale un vistazo a tu actual lista de tareas pendientes. ¿Qué harías para mejorarla de inmediato, en los próximos cinco minutos?

- ¿Conoces a alguien a quien nunca se le olvida nada? Pregúntale cómo recopila y mantiene su lista de tareas pendientes.

¿Qué es esa caja?

—William Shakespeare, Cuento de invierno.

11

Crear los timeboxes

Palabras clave	Agrupar; reunir; fragmentar; metadatos; palabras clave; #hashtags; acción; correo electrónico
Cantidad de palabras	1938
Tiempo de lectura	10 minutos

Bueno, ya tenemos nuestra lista de tareas pendientes. Más específicamente, contamos con un catálogo organizado de tareas de diferentes tamaños y un sistema sólido para mantenerlo al día.

Ahora estamos listos para crear los correspondientes timeboxes, para configurar las actividades en cajas. Este capítulo y los dos siguientes abordan su creación y ubicación y son relativamente sencillos. De todas formas, no deberías subestimarlos, ya que estás a punto de generar cientos de miles de ellos (veinte al día, siete mil al año…), ¡qué perspectiva tan extraordinaria y empoderadora!

El propósito al establecer un timebox es facilitar una sesión efectiva y productiva cuando llegues a ese momento: un inicio ágil, un progreso fluido y una conclusión exitosa.

¿QUÉ TIPOS DE ACTIVIDADES?

¿Qué tipos de actividades se incluyen en un timebox? Cualquier cosa que necesites o desees realizar y que tenga un tamaño manejable.

Deben derivar de los elementos de tu lista de tareas pendientes, los cuales, como observamos en el capítulo 10, se generan a partir de tus ideas, mensajes, reuniones, trabajo y vida. Quizá haga falta agrupar los elementos de la lista de tareas pendientes (si son pequeños) o desglosarlos (si son grandes).

Los timeboxes por lo general representan una de las siguientes opciones:

- **La sesión de planificación del timebox en sí.** El período de unos quince minutos descrito en el capítulo 9, en el que planificas el día que tienes por delante.
- **Una tarea.** La actividad que has planificado durante tu sesión de timeboxing constituye el principal caso de uso. Por ejemplo, llevar a los niños al parque, tender la ropa, almorzar con una amiga, redactar la introducción de un informe, revisar una evaluación, ajustar las cifras en el plan de negocios, o sacar la basura el martes por la noche.
- **Un recordatorio.** Contactar a alguien, hacer un seguimiento de un correo electrónico o comprar un regalo.
- **Prepararse para reuniones.** Cada reunión a la que asistimos tiene su importancia, y toda reunión importante requiere una preparación adecuada. Configurar un timebox apropiado es la forma perfecta de lograrlo, ya sea trabajando de manera individual o en colaboración con otros participantes de la reunión. Es importante tener en cuenta que la preparación para las reuniones a menudo se desencadena a partir de ciertas tareas del calendario. Te sientas a planificar el martes. Observas que hay una reunión programada para el miércoles que requiere cierta preparación. Configuras un timebox el martes para prepararte para dicha reunión.
- **Viajar al trabajo.** Si necesitas tiempo para trasladarte a algún lugar, regístralo en tu calendario para indicar los períodos en los que estarás en el transporte (y probablemente con menor disponibilidad). Aprovecha ese tiempo sumándole

alguna forma de entretenimiento o aprendizaje que hayas seleccionado de manera intencionada (y que hayas timeboxeado). Por lo general, los títulos de mis viajes siguen esta estructura: «en transporte / [alguna actividad]».

- **Un descanso o hacer ejercicio.** Recuerda que debes tomarte descansos y hacer ejercicio. Márcalo para que los demás vean cuándo estarás ocupado.
- **Una reunión periódica.** Muchas reuniones suceden de manera regular (algunas con razón). Configurar recordatorios automáticos en el calendario es lógico y eficiente. No las dejes pasar solo porque la alerta sea automática. Además, estas reuniones recurrentes pueden requerir reuniones *preparatorias* periódicas.
- **Asuntos personales.** Todos tenemos una vida en el trabajo y otra fuera de él. No importa cómo las dividas, ambas deben encajar en las mismas 24 horas que tenemos cada día. Así que entrelaza los timeboxes de todas las áreas de tu vida en un solo calendario (ver *Capítulo 6 – Para fomentar la colaboración*).

AGRUPAR Y DESAGRUPAR

Algunas tareas son pequeñas. Actividades como poner la lavadora, responder a un correo electrónico o enviar un mensaje de agradecimiento quizá nos lleven apenas unos segundos, pero estas pequeñas tareas pueden tener un impacto desproporcionado en nuestras vidas. A menudo, nos resulta difícil justificar la asignación de un timebox específico para estas tareas *a priori* insignificantes. La solución radica en agrupar (o reunir) estos pequeños elementos en un conjunto más grande; nómbralo como «Varios» o «Miscelánea»; realízalos en conjunto, y disfruta de la libertad resultante.

Los correos electrónicos son uno de los casos más comunes de este tipo de tareas. Muchos gurús de la productividad sugieren que hay que designar momentos específicos del día para revisar y responder correos electrónicos y de esa forma evitar posibles interrupciones en el horario de trabajo. Algunos requieren que nos concentremos o enfoquemos más, y eso podría justificar que tengan sus propios timeboxes (y, en estos casos, para llevar un registro útil, lo mejor sería otorgarles títulos específicos en lugar de simplemente «Correo electrónico»). El resto del proceso puede transformarse en un juego si registras en tu timebox la cantidad de correos electrónicos que tenías antes de iniciar la sesión, observas cuántos redujiste y registras ese número en la descripción cuando hayas finalizado (los míos lucen así: ✉ correos electrónicos [34]» [18]). Las tareas administrativas y personales también suelen ser buenas candidatas que puedes agrupar.

Evita hacer las tareas excesivamente grandes

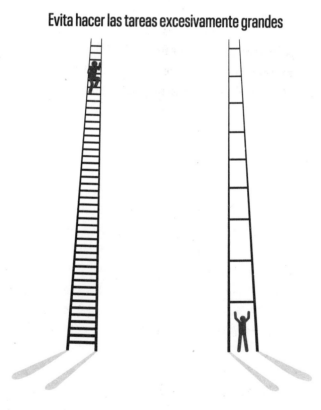

También puede suceder lo contrario, que las tareas sean demasiado grandes. Enfrentarse a algo de esta magnitud puede resultar intimidante, como, por ejemplo, limpiar el garaje, decorar la casa, redactar un plan de negocios o mejorar una página web. En tales casos, es crucial desglosar estas tareas en unidades más manejables (ver el próximo capítulo) y asignar timeboxes a estas unidades en lugar de asignar uno para la tarea completa. Una buena prueba para asegurarse de que has dividido bien la tarea es comprobar si puedes identificar con precisión la primera acción que realizarás en cada uno. Por ejemplo, el timebox podría ser «Pasar la aspiradora por la planta baja» y la primera acción podría ser ir a buscar la aspiradora al garaje, o el timebox podría ser «Hacer la facturación para los clientes» y la primera acción podría ser encontrar las facturas que necesitas en tu bandeja de entrada.

DESCRIPTORES

No necesitas mucha información para configurar un timebox. Como en cualquier acción acordada, lo esencial es determinar *quién*, *cuándo* y *qué*. El *quién* eres tú, por supuesto; es tu timebox, tu calendario y tu responsabilidad. El *cuándo* lo exploraremos en el *Capítulo 13 – Ordenar los timeboxes*.

El *qué* es el título y/o la descripción, que debe ser suficiente para que puedas abordar la tarea de manera efectiva y sin demora. Con eso en mente, debes considerar lo siguiente:

- **Nombres (obligatorio).** Es fundamental, sobre todo cuando el calendario es compartido y se trabaja con otras personas. Necesitas ver el nombre, entender de qué se trata y, de ser posible, tener todo listo para iniciar la tarea. Elige una palabra útil y evocadora: un término técnico, el nombre de un evento o un número específico que luego reconocerás. Un verbo puede funcionar y aportar la energía adecuada para la «acción». Algunos verbos útiles para configurarlos podrían ser:

---

revisar, editar, enviar por correo electrónico, escribir, leer, resumir, llamar, pensar, considerar, hacer lluvia de ideas, codificar, planificar, analizar, preparar, verificar, validar, preguntar, completar, mejorar, convencer, responder, ampliar, aumentar, organizar, planificar, decidir, desarrollar, evaluar, reducir, consolidar, sintetizar, observar, escuchar, ayudar, entender, aprender, encontrar.

- **Descripción (opcional)**. Rara vez necesitarás esto. Títulos como «Clase de *jiu-jitsu*», «Resumir reunión de las 4 p. m.» o «Mejorar perfil de LinkedIn» pueden ser suficientes para comenzar. Si se necesitaran más detalles, no hace falta especificarlos en el timebox; es preferible colocar un enlace o una referencia a la información fuente (una página web, tus notas, un documento).

- **Código de colores (opcional)**. Como vimos en el capítulo 8, el timeboxing puede orientarte hacia metas de vida más grandes. Establecer distintos colores para cada tipo de actividad te permite monitorear cuánto tiempo dedicas a cada una de un vistazo, ya sea por día, semana o mes, y decidir cómo o si hace falta ajustar esas proporciones. Los míos se dividen en cuatro categorías:
  - Azul – trabajo regular
  - Verde – trabajo de alto valor
  - Amarillo – ocio
  - Púrpura – escritura

Recientemente, la función Estadísticas de tiempo del calendario de Google ha simplificado muchísimo este tipo de análisis.

20—26 Mar 2023
Estadísticas de tiempo

Desglose del tiempo

⬤ Alto valor	20.5 horas	
⬤ Libro	13.6 horas	
⬤ Ocio	17.7 horas	
⬤ Por defecto	16.8 horas	
⬤ Tiempo restante	23.7 horas	

Basado en las horas laborales

- *Hashtags* (opcional). En el capítulo 3, exploramos cómo el timeboxing puede servir como una forma de llevar un registro. Si eres meticuloso y coherente a la hora de poner nombres, puede funcionar a la perfección. Al utilizar tu propia taxonomía de términos útiles, podrás acceder con facilidad a todos tus timeboxes, ya sea #1–1, #oportunidadesdeventa, #horasextras o #proyectoX, con una simple búsqueda en tu calendario digital.

- **Emojis (opcional, por supuesto).** Esto puede sonar absurdo para muchos, pero para otros puede tener sentido. Añadir un emoji al inicio puede mejorar el estado de ánimo con el que abordas esa tarea. Para aquellos que se quieran aventurar en esta dirección, os recomiendo que lo utilicéis con moderación para que el impacto sea más significativo y sostenible. He de confesar que yo lo hago de vez en cuando (para pensar, para los viajes hacia el trabajo, para cuando saco a pasear al perro, para ayudar a los niños a prepararse, para enfatizar la importancia de un método de gestión del tiempo preeminente).

Dado que se necesita muy poco, los timeboxes se pueden configurar en cuestión de segundos. Así que los veinte diarios pueden elaborarse con facilidad en unos quince minutos.

EJEMPLOS

Aquí tienes mi calendario timeboxeado de la tarde en que redacté este mismo capítulo por primera vez (mientras estaba en un vuelo transatlántico). El timeboxing en sí tomó alrededor de diez minutos y está indicado por la línea punteada (lo clasifico como trabajo regular). Luego, incluí la información necesaria en la actividad de las 13:45 para saber cómo se llevaría a cabo la entrega de mi almuerzo (que sería entregado en el asiento 45C), junto con mi elección de entretenimiento (un episodio descargado de YouTube). Dado que ya conocía bastante bien el material (nota: esto fue después de haber hecho gran parte de la investigación y planificación en otras sesiones de timeboxing), los títulos de una sola palabra (a las 14:15, 14:30, 14:45, 15:15 y 15:45) fueron suficientes para redactar el capítulo.

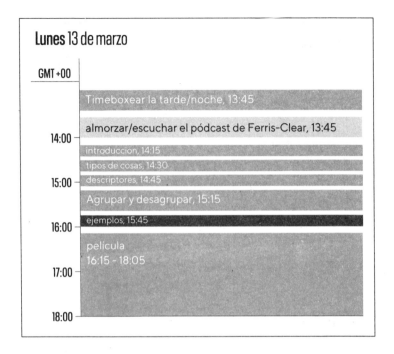

Lunes 13 de marzo

GMT +00

Timeboxear la tarde/noche, 13:45

almorzar/escuchar el pódcast de Ferris-Clear, 13:45

14:00

introducción, 14:15

tipos de cosas, 14:30

15:00

descriptores, 14:45

Agrupar y desagrupar, 15:15

ejemplos, 15:45

16:00

película
16:15 - 18:05

17:00

18:00

⌘ ⌘ ⌘

Si bien es fácil crearlos, los timeboxes son en sí mismos tareas de las que uno debe sentirse orgulloso. De hecho, si compartes tu calendario, es posible que otras personas vean tus timeboxes. Pero incluso si no fuera así, este es tu sistema personal de productividad. Cuanto mejor sean los timeboxes, mejor será el resultado.

Recapitulemos

- Los timeboxes pueden servir para diversos propósitos. Básicamente, existen dos tipos: aquellos destinados a la planificación previa al día (de quince o treinta minutos) y los que detallan las tareas a lo largo del día.

- Asegúrate de que las tareas que decidas timeboxear sean del tamaño adecuado: ni tan extensas que te abrumen, ni tan pequeñas e insignificantes que las descartes con facilidad.

- Descríbelas con detalle, utiliza verbos activos y/o información pertinente. El título es clave.

Reflexionemos

- ¿Qué tipos de tareas sueles evitar? ¿Qué características comparten estas tareas?
- Piensa en una tarea grande que tengas por delante. ¿De qué manera podrías dividirla en porciones más manejables y atractivas?
- Observa tu lista de tareas pendientes o las entradas de tu calendario timeboxeado. ¿Cuán informativos son tus títulos? ¿Te parecen inspiradores? ¿Cómo podrías describirlos con un toque más entusiasta? Imagina que los ves dentro de seis o doce meses, ¿seguirán teniendo sentido?
- Relee la sección sobre los códigos de colores de este capítulo. ¿Cuáles son los componentes más importantes (elige tres, cuatro o cinco) de tu vida? ¿Tienes alguna idea de cómo distribuyes tu tiempo entre ellos?

Uno nunca se da cuenta de lo que se ha hecho;
uno solo puede ver lo que queda por hacer.

—Marie Curie

12

Dimensionar el tamaño
de los timeboxes

Palabras clave	Estimación; práctica; datos empíricos; hacer una prueba; extrapolar; percepción del tiempo; paradoja de la elección; menos es más
Cantidad de palabras	1498
Tiempo de lectura	7 minutos

¿Cómo se supone que debemos saber cuánto tiempo nos llevará una tarea? ¿Cómo podemos estimar el tiempo que se le asigna a una tarea en un timebox? Esta es una de las inquietudes más comunes sobre el timeboxing.

¿Cuánto tiempo llevará responder ese correo electrónico que parece difícil? ¿O cambiar todas las sábanas de la casa? ¿O tener esa compleja conversación con tu cuñado? ¿O cambiarle el formato a esa presentación de diapositivas? ¿O analizar las cifras de ventas del mes pasado?

Necesitamos ser capaces de estimar cuánto tiempo llevará una tarea, para poder ajustarla al tamaño del timebox y que el timeboxing despegue. Esto es más fácil de lo que parece en un principio.

ESTIMAR LOS TIEMPOS
NO PARECE SER TAREA FÁCIL...

No hay término medio. Si subestimamos nuestros timeboxes, no completaremos el trabajo o lo haremos mal, y eso nos generará frustración e insatisfacción. Si los sobrestimamos, perderemos tiempo y no seremos productivos. Y para aquellos proyectos que son más complejos y requieren una acumulación de timeboxes (pintar la casa, prepararse para un examen de violín, diseñar una página web), una estimación inexacta puede acarrear consecuencias acumulativas y materiales.

Además, muchas personas tienden a presentar un sesgo cognitivo que las lleva a subestimar el tiempo necesario para realizar tareas. La falacia de la planificación, descrita por Daniel Kahneman y Amos Tversky en 1977,[51] es «la tendencia a subestimar la cantidad de tiempo necesaria para completar una tarea futura, esto puede deberse en parte a que se piensa en un escenario muy optimista en cuanto al rendimiento». Es fácil tener en cuenta los pasos que implican efectuar una tarea, pero nos cuesta imaginar los contratiempos: suena un teléfono, se cae un servidor, surge una tarea que no anticipamos dentro de otra, alguien llama a la puerta, se desata una tormenta de nieve...

De alguna manera, debemos encontrar la zona de Ricitos de Oro. Pero ¿cómo?

... PERO EN REALIDAD
NO ES TAN COMPLICADO

Es totalmente posible estimar el tamaño de tus tareas con el nivel de precisión necesario para que el timeboxing funcione.

Para la gran mayoría de las cosas que hacemos, contamos con alguna experiencia relevante en la cual basarnos. Al comparar las tareas programadas para el futuro con aquellas similares del pasado, incorporamos de manera efectiva la posibilidad y la probabilidad de que surjan contratiempos imprevistos, ya que hemos experimentado situaciones del mundo real que siempre está lleno de obstáculos. Tenemos experiencia en lidiar con correos electrónicos extensos y complicados, sábanas sucias, conversaciones difíciles, presentaciones de diapositivas problemáticas y cifras de ventas en bruto, y sabemos cuánto tiempo nos llevó abordar todas esas tareas. Claro, rara vez es *justo* la misma tarea con la que ya nos hemos enfrentado, pero con que sea similar es suficiente para aplicar el timeboxing de manera efectiva.

DESARROLLA TU PERCEPCIÓN DEL TIEMPO

Podemos fortalecer la percepción del tiempo que nos lleva completar las tareas mediante datos empíricos explícitos. En promedio, leemos doscientas cincuenta palabras por minuto, procesamos más o menos un correo electrónico por minuto, nos lleva tres horas escribir dos mil palabras, dedicamos cuatro minutos a vaciar un lavavajillas y solo quince para planificar el día que tenemos por delante, destinamos treinta minutos a cocinar una de *Las comidas de 30 minutos de Jamie*.[52]

Esta práctica puede volverse más específica y relevante si medimos el tiempo que nos lleva ejecutar algunas de las actividades que llevamos a cabo. Cuánto tiempo te lleva:

- completar tu rutina de gimnasio o carrera habitual
- lavar la ropa
- darte una ducha
- pasear al perro
- preparar a los niños para ir a la escuela
- investigar/escribir/editar una entrada de un blog
- prepararte para una reunión
- hablar con cinco posibles clientes

- limpiar una bandeja de entrada con cincuenta correos electrónicos
- transcribir las notas de una reunión

Observar tus actividades diarias junto con el tiempo que te lleva hacer cada una de ellas puede ser revelador. A partir de esa información, quizá quieras eliminar o acelerar alguna tarea en particular, o incluso combinar dos actividades que puedan sincronizarse, como hacer café mientras vacías el lavavajillas o escuchar un pódcast mientras sales a correr. Podría sorprenderte lo rápido que pueden completarse algunas de las tareas más imponentes, y eso podría hacer que te resultasen menos intimidantes. Al presentar las tareas y los tiempos de esta manera, podrás estimar mejor el tamaño de tus timeboxes.

Si no estás seguro de cuánto tiempo te llevará realizar una tarea, hacer una prueba puede ser de gran ayuda. Supongamos que debes revisar los currículums de ochenta candidatos y nunca habías abordado esta tarea antes. En lugar de asignar una cantidad de tiempo arbitraria y probablemente equivocarte, revisa un puñado de currículums, mide el tiempo que te lleva y luego extrapola. Por ejemplo, si revisar cinco te lleva quince minutos, eso equivale a tres minutos por currículum. Quizá con el tiempo puedas mejorar el ritmo y la tasa de ejecución podría ser de dos minutos y medio por currículum; es decir, veinticuatro currículums por hora. Así, sabrás que necesitarás un poco más de tres horas, unas tres horas y media si tomas uno o dos descansos.

Estas prácticas deberían ayudarte a desarrollar una intuición sobre el tiempo que te lleva concretar las tareas, y de esa forma agudizar tu percepción del tiempo.

PEQUEÑO, MEDIANO Y GRANDE

Mi recomendación es elegir solo tres tamaños de timebox y atenerse a ellos. Decidir entre cajas pequeñas, medianas y grandes resulta mucho más sencillo que seleccionar entre una variedad de períodos de tiempo. Evita los dilemas (¿esta tarea será de cuatro o de siete minutos?) al darte un número reducido de opciones. Por cierto, esto explica por qué se utiliza la secuencia de Fibonacci (0, 1, 1, 2, 3, 5, 8, 13, 21, 34, etc., donde el siguiente término en la secuencia es la suma de los dos anteriores) para estimar el tamaño de las tareas en el desarrollo de *software*. Eliminar la mayoría de los números permite liberar a los ingenieros y gerentes de productos de una excesiva abundancia de opciones.

En cuanto a los tamaños que elijas, hay algunos factores a considerar. Si te resulta difícil concentrarte durante períodos extensos, opta por tamaños más reducidos. Si tu trabajo se inclina de forma natural hacia ciertas duraciones, sigue esa inclinación. Los valores predeterminados del calendario digital que hayas seleccionado también podrían ser una razón práctica y logística para elegir, por ejemplo, veinticinco minutos en lugar de veinte. De este modo, evitarías tener que realizar múltiples ajustes en tu calendario cada vez que agregas un timebox.

Los míos son de quince, treinta o sesenta minutos: pequeño, mediano y grande. Considero que menos de quince minutos es demasiado poco para justificar el timeboxing, ya que gestionarlo se vuelve laborioso, desalentador y contraproducente. Lo que hago es agrupar estas tareas pequeñas para crear timeboxes más amplios y valiosos, como se explicó en el capítulo anterior. Las tareas que preveo que llevarán más de una hora las divido en fragmentos más pequeños. Mi timebox predeterminado es de treinta minutos. Cabe mencionar que un Pomodoro dura veinticinco minutos, y las longitudes predeterminadas para los eventos en los calendarios de Google y Microsoft (al momento de escribir esto) son de veinticinco y treinta minutos, respectivamente. Es sabio seguir la corriente y el sentido común en este consenso.

⌘ ⌘ ⌘

Simplemente comienza. Es probable que las primeras estimaciones que hagas sobre su tamaño no sean precisas de inmediato, así que seguro que cometerás errores y luego harás los ajustes necesarios. Si sobrestimas o subestimas el tamaño de algunas tareas al principio, puedes adaptar el margen, ya sea acelerando y simplificando algunas partes o desacelerando y teniendo más cuidado, lo cual es una característica fundamental del timeboxing (ver capítulo 16). Recuerda, el objetivo es completar algo a un nivel de calidad aceptable; ese nivel puede ajustarse, tanto hacia arriba como hacia abajo. En la mayoría de las tareas, no hay datos objetivos acerca de cuánto tiempo deberían tomar. Tener flexibilidad es clave, apropiado y necesario para poder dimensionar el tamaño de las cajas y el timeboxing.

Recapitulemos

- Estimar el tiempo necesario para realizar las tareas es esencial en el timeboxing, pero no es tan complicado.
- Es importante prevenir la falacia de la planificación, la cual consiste en subestimar los retrasos que podrían generar los contratiempos. Para eso es crucial prestar atención a las experiencias en el mundo real siempre que sea posible.
- Es factible desarrollar la percepción del tiempo al observar nuestras actividades cotidianas y evaluar cuánto tiempo nos llevan.
- Recomiendo elegir tamaños de timebox pequeños, medianos y grandes, y atenerse a ellos. En mi caso, la sugerencia específica es optar por períodos de quince, treinta y sesenta minutos.

Reflexionemos

- Haz una lista de las actividades más frecuentes en tu vida y estima su duración.

- Luego, busca formas concretas de medir el tiempo que realmente empleas en estas actividades. ¿Te ha sorprendido algún resultado? ¿Has identificado áreas donde podrías mejorar tu eficiencia?
- ¿Cuánto tiempo te llevará leer el próximo capítulo? Mídelo. Compara este resultado con la estimación inicial.

Se requiere tanta energía para desear como para planear.

—Eleanor Roosevelt

13

Ordenar los timeboxes

Palabras clave	Secuencia; series; orden; prioridad; energía; penden sobre ti; enfrentar las consecuencias
Cantidad de palabras	2610
Tiempo de lectura	13 minutos

Ya has elegido tus tareas, creado los timeboxes y les has asignado un tamaño. Ahora bien, ¿dónde deberías ubicarlos en tu calendario?

Por supuesto, en el complejo y enmarañado mundo real, no es tan sencillo como eso. En realidad, podrías seleccionar la tarea, describirla, asignarle un tamaño, volver a describirla, ordenarla, reordenarla, cambiarle el tamaño o llevar a cabo alguna secuencia similar de iteraciones rápidas. Sin embargo, la cuestión de *dónde* situar el timebox en el calendario surgirá en algún momento, *por lo general* después de haberlo creado y haberle asignado un tamaño.

Ya deberías tener una idea de qué tareas abordar primero si las has priorizado en tu lista de pendientes. La priorización de esa lista a menudo requerirá una actualización: durante la noche, tu jefe te presionó para obtener una respuesta; un nuevo pronóstico de lluvia implica que debes cancelar un evento al aire libre; recordaste que alguien depende de un envío rápido de un artículo que está más abajo en la lista, etc. La priorización de tu lista de pendientes es solo una aproximación para ordenar tus timeboxes.

A medida que más personas puedan trabajar de manera flexible (en términos de horarios y ubicación), habrá más opciones sobre cuándo hacer qué; es decir, dónde colocar nuestros timeboxes. Hay cuatro aspectos a considerar al decidir el orden: compromisos preexistentes, dependencias, psicología y energía.

COMPROMISOS PREEXISTENTES

En primer lugar, se encuentran los compromisos preexistentes en tu calendario, muchos de los cuales seguro que son reuniones. Al principio, organizarás tus timeboxes alrededor de estas citas programadas. En las próximas semanas, intenta contrarrestar esta dinámica al decidir dónde te gustaría colocarlos para las tareas intencionales y programar reuniones fuera de esos períodos. Claro que esto no siempre será posible (un compromiso fijo de voluntariado, un cliente inflexible, un colega que está en una zona horaria diferente, una reunión uno a uno con un jefe que tiene poco tiempo), pero elegir cuándo hacer lo que deseas es una parte crucial para recuperar la acción y sentirte al mando de tu trabajo y de tu vida. Entonces podrías comunicarles a las personas que preferirías evitar tener reuniones los viernes por la tarde, por ejemplo. La forma más efectiva y eficiente de transmitirlo es, por supuesto, bloqueando ese tiempo en tu calendario.

DEPENDENCIAS

La mayoría de las tareas no son actividades aisladas, sino que están interconectadas. Esta conexión a menudo se manifiesta en forma de dependencia: reservar el alojamiento antes de las vacaciones, prepararse para la reunión antes de que suceda, investigar antes de escribir, ensayar antes de la presentación, consultar al equipo antes de realizar una contratación, comprar el regalo antes del cumpleaños. Y, por supuesto, cuando existe una dependencia y la noción de que hay una tarea anterior y otra posterior, la organización de nuestros timeboxes debe reflejarlo. Existen varios tipos de dependencias.

Decisiones importantes

Las decisiones de alto riesgo dependen de información relevante y de alta calidad. Esta información debe incluir datos y también debe consultarse con las personas adecuadas. Si es posible, encuentra una manera de incorporar al menos una noche de sueño restaurador entre la recopilación de la información y la toma de decisiones. Por ejemplo, supongamos que estás en la búsqueda de contratar personal para un puesto importante. Estás entre dos candidatos fuertes y la competencia está reñida. Reúne la descripción, los criterios de evaluación, las valoraciones de las entrevistas, los porfolios de trabajos presentados, los perfiles en línea, distribuye la información a todas las personas involucradas y dales a todos una o dos noches antes de reunirse para debatir y decidir. Entonces, se necesita un timebox previo para recopilar y distribuir la información y otro, posterior, para la reunión de toma de decisiones.

Prepararse antes de una reunión

Las reuniones son muy habituales. Por ende, la preparación adquiere relevancia, ya sea por la cantidad o la importancia de estas citas. La disparidad que existe entre alguien que llega a una llamada de negocios después de haber dedicado aunque sea cinco minutos a la preparación y alguien que simplemente aparece para la llamada es notoria. La persona bien preparada tiende a estar familiarizada y sentirse cómoda con los nombres de los demás participantes, sabe cuándo fue la última reunión, puede comentar sobre las acciones previas y tiene una visión más clara de los objetivos que se persiguen. Suele ocurrir que la gente se prepara aún menos para las reuniones periódicas, las cuales, con el tiempo, pierden su atractivo. Sin embargo, las reuniones periódicas tienen su razón de ser: abordan un problema persistente que requiere la atención repetida de un grupo. Contrarrestar la tendencia poco productiva de pasar por alto estas reuniones es posible al establecer un timebox periódico varias horas o un día antes del evento recurrente (esto resulta especialmente efectivo con eventos anuales que suelen olvidarse con facilidad, como cumpleaños y aniversarios). Demostrar que estás siempre bien preparado para las reuniones es un comportamiento poco común que te hará destacar, sobre todo si adoptas este hábito mediante el timeboxing. Convertirse en un colega, un amigo, una hija, etc., más eficiente y confiable es el resultado de esta práctica sistemática que permite la previsión.

No olvides prepararte para aquellas reuniones que no estén relacionadas con el trabajo. Has dicho que visitarías a tu suegra para ver cómo está. También acordaste tomar una taza de té con un vecino mayor y le prometiste a tu hija de ocho años que dibujarías con ella esta noche. ¿Te has preparado para *estas* reuniones? Dedicar un timebox de quince minutos para prepararte, durante el cual puedas identificar lo que de verdad podría cautivar la imaginación de un ser querido en tu próxima interacción, podría ser la mejor decisión que tomes en todo el año. Estas oportunidades son fugaces, así que ten en cuenta las reflexiones sobre los arrepentimientos expresadas en el *Capítulo 8 – Para llevar una vida intencional*.

Dependencias colaborativas

Imagina que alguien te pide algo. Supongamos que es una solicitud que deseas atender, entonces, pregunta cuándo lo necesita, establece un timebox entre este momento y ese plazo e infórmale de que ya le asignaste uno y para cuándo. Te lo agradecerá. O imagina que le pides algo a alguien. Especifica para cuándo lo necesitas y pregúntale *cuándo* planea hacerlo. Puede parecer un poco directo e incómodo, pero en realidad es una solicitud perfectamente razonable y un medio para lograr los efectos de red de las dependencias colaborativas en el timeboxing. Quizá no puedas influenciar a toda tu empresa, pero tal vez sí a toda tu familia o a todo tu equipo.

Dependencias flexibles

A veces existe una relación entre dos eventos o tareas, pero no es una dependencia estricta. Por ejemplo, podría ser algo *ligeramente preferible*: haber tenido esa reunión uno a uno con tu colega antes de redactar su evaluación; que lleguen tus nuevas zapatillas para correr antes de ir al gimnasio; haber leído ese informe sobre sostenibilidad en el sector de comercio minorista antes del almuerzo con un jefe que sea consciente del medio ambiente. En cualquier caso, asignas un timebox para los eventos anteriores y posteriores, de la misma manera que lo harías con las dependencias estrictas. Las conexiones entre información, eventos, personas y tareas son ricas y complejas, y esto es lo que hace interesante a la vida, y del timeboxing, un arte. Al seleccionar, preparar y organizar de manera intencionada lo que haces, te conviertes en el auténtico arquitecto de tu experiencia consciente.

Recordatorios

Por más que lo intente, no logro concebir una manera más efectiva de recordar pequeñas cosas a tiempo que incorporando un timebox en el calendario. Esto es útil sobre todo para las tareas básicas y triviales que, de lo contrario, podrían pasarse por alto. Imagina que un amigo tiene una entrevista de trabajo el próximo viernes, y se te ocurre desearle suerte esa mañana. ¿Cómo te aseguras de hacerlo? Puedes confiar en recordarlo, lo cual quizás a veces te funcione. También podrías agregarlo a tu lista de tareas pendientes, pero ¿qué pasa si no llegas a revisar la lista antes del viernes? Configurar una alarma en el teléfono podría ser una opción, pero implicaría una tarea administrativa adicional además de gestionar tu calendario.

La opción más eficaz es simplemente establecer un pequeño timebox en tu calendario pronto por la mañana del viernes. Esto prácticamente garantizará el éxito y, con suerte, tu amabilidad y consideración le darán a tu amigo una sensación de calidez y coraje en un día de nervios. El timeboxing asegura que la tarea capte tu atención en el momento preciso (una lista de tareas pendientes solo asegura que le prestes atención *en algún momento*). Además, ten en cuenta que este tipo de recordatorio es de un evento (la entrevista de trabajo de otra persona en este caso) que es poco probable que necesites o desees timeboxear para ti mismo; existe una dependencia de algo *fuera* de tu calendario, más allá de tu entorno inmediato.

Plazos autoimpuestos

El plazo es un componente esencial de una tarea. Una tarea sin un plazo está incompleta, al igual que una reunión sin hora de finalización. Es esencial comunicar con claridad este plazo para poder aplicar el timeboxing de manera efectiva. Si no conocemos la urgencia relativa, no podemos organizar nuestros timeboxes de manera acertada porque no podemos establecer prioridades. Sin embargo, hay casos en que no se especifica ninguna urgencia. Esto suele ocurrir en los proyectos no colaborativos, como leer, aprender o jugar con tus hijos. En esos casos, necesitas *imponer* una restricción. ¿Con qué frecuencia y en qué cantidad deseas incorporar esto en tu vida? Luego, insértalo en tu calendario y en tu vida en la medida y con la frecuencia deseadas. Gracias a esta práctica, esa categoría notoriamente descuidada de tareas —las importantes pero no urgentes— al final recibe la exposición y la atención que merece.

Un calendario timeboxeado ofrece la visualización perfecta y práctica de todos estos tipos de dependencia. Puedes observar la tarea siguiente (que, de manera irónica, tiende a ingresar al calendario primero) y determinar si debería existir una tarea previa y cuánto debería ser el intervalo entre ambas.

Visualización de las tres dependencias

	Lun	Mar	Miér	Jue	Vier
8:00	Prep. p/la reunión				
9:00		Reunión			
10:00	Comprar regalo				
11:00					Evaluación de Guillermo
12:00					
13:00					
14:00					
15:00		1-1 con Guillermo			
16:00					
17:00			Fiesta de cumpleaños		
18:00					

PSICOLOGÍA

En términos de productividad, se aconseja enfrentar las tareas desafiantes al comienzo del día. Algunas expresiones respaldan esta idea: coger al toro por los cuernos, paga por adelantado, trágate ese sapo, la hora del miedo, enfrenta las consecuencias (mi favorita). Sin embargo, también existe el enfoque de las victorias rápidas, que implica justo lo contrario: impulsar tu día al completar algunas tareas pequeñas y quitártelas de encima.

En mi opinión, prefiero comenzar con las tareas más grandes, difíciles o intimidantes. Me gusta tener la sensación de que mi día se volverá más llevadero, y así cargar con cualquier preocupación durante el menor tiempo posible. Aunque la evidencia científica[53] presenta opiniones divididas, en general se inclina más a favor de este enfoque. Así que considera estos argumentos y estudios, y decide cuál, ya sea abordar las tareas difíciles al principio o al final, te funciona mejor.

ENERGÍA

Tus niveles de energía también son un factor a tener en cuenta. De hecho, algunos expertos prefieren hablar de la gestión de la energía en lugar de la gestión del tiempo.

Una forma común pero útil de pensar en los niveles de energía es en términos de la dicotomía madrugador vs. noctámbulo. Cada persona tiene sus propios ritmos circadianos, tasas de producción de hormonas y metabolismo. ¿Sueles despertarte temprano? ¿Te sientes activo poco después de despertar? ¿Te desenvuelves bien en la tranquilidad del amanecer, sin ruido, llamadas ni la *mínima posibilidad* de recibir notificaciones? Si es así, es probable que tu calendario se llene más temprano, y te vendrá mejor realizar la mayor cantidad de actividades al principio del día. Y viceversa, por supuesto. Pero ten en cuenta que los madrugadores tienen algunas ventajas. Los noctámbulos tienen una tasa de mortalidad un poco más alta[54] y la sociedad está más estructurada en torno a comenzar temprano. Entonces, si crees que puedes elegir (y al menos un 80 % de nosotros puede)[55], opta por la mañana.

La energía también está vinculada al estado de ánimo. ¿Estás listo para abordar una pila de trabajo monótono, ponerte los auriculares y concentrarte? ¿O buscas algo más creativo? ¿Estás dispuesto a interactuar con otras personas o prefieres tener un día más relajado? Comprender qué tipo de trabajo se adapta a tu nivel de energía es una habilidad fundamental, una que Steve Jobs al parecer consideraba importante.[56] Ciertas actividades, como hacer ejercicio, meditar, tomar aire fresco, ducharte con agua fría o tomar un descanso, pueden aumentar la energía, al menos por un tiempo. Por lo tanto, considera establecer timeboxes estratégicos que impulsen tu energía justo cuando más lo necesitas. La contraparte de esto es no programar tareas psicológica o emocionalmente difíciles cuando es probable que te sientas agotado; por ejemplo, después de una reunión extensa, una situación en la que tuviste que hablar en público o un día en el que toca estudiar en casa.

Monitorear y manipular tus niveles de energía es posible y a veces deseable. Obsérvate de cerca y revisa de vez en cuando. ¿Cómo me siento? ¿Mis niveles de energía están altos o bajos? ¿Están aumentando o disminuyendo? Y luego considera si debes implementar algún cambio: beber algo (café, té, agua), meditar, hacer ejercicios de respiración, hacer ejercicio físico, tomar un descanso, dar un paseo.

ET VOILÀ!

Has completado tu entrenamiento inicial para timeboxear un día completo. El día en que redacté el primer borrador de este capítulo, mi calendario, timeboxeado por completo, se veía así:

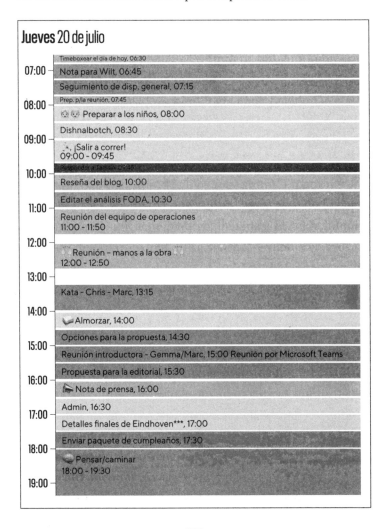

Jueves 20 de julio

	Timeboxear el día de hoy, 06:30
07:00	Nota para Wilt, 06:45
	Seguimiento de disp. general, 07:15
08:00	Prep. p/la reunión, 07:45
	Preparar a los niños, 08:00
	Dishnalbotch, 08:30
09:00	¡Salir a correr! 09:00 - 09:45
10:00	Responder a Tamsin, 09:45
	Reseña del blog, 10:00
	Editar el análisis FODA, 10:30
11:00	Reunión del equipo de operaciones 11:00 - 11:50
12:00	Reunión – manos a la obra 12:00 - 12:50
13:00	
	Kata - Chris - Marc, 13:15
14:00	Almorzar, 14:00
	Opciones para la propuesta, 14:30
15:00	Reunión introductora - Gemma/Marc, 15:00 Reunión por Microsoft Teams
	Propuesta para la editorial, 15:30
16:00	Nota de prensa, 16:00
	Admin, 16:30
17:00	Detalles finales de Eindhoven***, 17:00
	Enviar paquete de cumpleaños, 17:30
18:00	Pensar/caminar 18:00 - 19:30
19:00	

A algunas personas les horroriza ver un calendario completamente timeboxeado por primera vez. Les parece una pesadilla. Sin embargo, un timebox lleno por completo no es la pesadilla; más bien, es la única manera de escapar de ella. Lo que se puede ver más arriba es mucho para un solo día (ten en cuenta que la mayoría de mis días no son tan ajetreados). Pero en cualquiera de esos momentos, solo había una cosa, una sola tarea que hacer. Aquí reside la paz y el poder de hacer una cosa a la vez.

Y una vez que hayas creado, dimensionado y ordenado tus timeboxes para el día, tómate un momento. Contempla el día que has planificado. Admíralo. Ten en cuenta que si todo sucede según lo planeado (y es probable que así sea, recuérdalo), habrás tenido un buen día.

⌘ ⌘ ⌘

El orden de tus timeboxes es crucial. Deben organizarse de manera lógica y tener en cuenta tu personalidad, psicología y energía. Pero tampoco te preocupes demasiado: un timebox no está escrito en piedra. En mi caso, hay uno o dos que se mueven a lo largo del día, a medida que cambian las prioridades y transcurre la vida. Pero está bien; el movimiento solo lleva unos segundos y es parte del proceso.

Recapitulemos

- Una vez que hayas seleccionado tus tareas y las hayas dimensionado, debes decidir dónde colocarlas en tu calendario.
- Cuatro aspectos a considerar para determinar el orden en que aparecen los timeboxes en un calendario son: compromisos preexistentes, dependencias, psicología y energía.
- Los timeboxes se pueden ajustar a medida que cambian las prioridades, pero esto debería ser la excepción, no la regla.

Reflexionemos

- ¿Prefieres hacer el trabajo duro temprano en la mañana o más tarde? ¿Has probado con la alternativa?
- ¿Cuál de las siguientes áreas comprendes menos: cómo crear, dimensionar u ordenar un timebox?
- Piensa en un familiar a quien amas. ¿Sobre qué temas le gusta hablar contigo? ¿De qué te gusta hablar con ellos? Enumera cinco temas, guárdalos en tu teléfono y crea un timebox para revisar esas notas justo antes (¡ten en cuenta la dependencia!) de ver a ese familiar la próxima vez.

PARTE TRES – EJECUTAR

⌘ ⌘ ⌘

La Parte Tres se centra en cómo sacar el máximo provecho del método en el momento de cada timebox. Comienza, avanza rápido, genera resultados tangibles y concéntrate de manera consciente en la tarea en cuestión, incluso cuando mil distracciones golpean a tu puerta.

La historia habla de ti.

—Horacio

14

Este mismo capítulo

Palabras clave	Aprender haciendo; aplicación; sumergirse; darse cuenta; observar
Cantidad de palabras	1137
Tiempo de lectura	6 minutos

Empieza de lleno con la práctica del timeboxing ahora mismo, en los próximos segundos. Pero ¿cómo? Estás en plena lectura de un libro. Podemos con ello.

Vas a timeboxear la lectura del *Capítulo 14 – Este mismo capítulo*. Aunque no sea un timebox estándar (quizá no lo hayas incluido en tu lista de tareas pendientes), será suficiente para ser útil y reforzar lo aprendido hasta ahora, y les dará mayor relevancia a los capítulos siguientes.

Primero, como vimos en los últimos tres capítulos, necesitarás crear, dimensionar y ordenar tu timebox. Este capítulo tiene 1137 palabras y debería llevarte solo seis minutos de lectura. Pero como podrías pausar una o dos veces para reflexionar sobre lo que estás leyendo y hay un ejercicio en medio del capítulo, hagamos uno de quince minutos. ¿Qué hora es ahora? Listo, entonces el timebox es «Leer el capítulo 14», comienza ahora mismo y concluye en quince minutos. Lo acabas de crear, dimensionar y ordenar; la planificación está hecha. Ahora estás preparado para cruzar una línea importante, aunque sea hipotética, y sumergirte en el propio timebox.

Entonces, ya estás dentro. Dentro del timebox. Estás time-boxeando. Por lo tanto, acabas de alcanzar con éxito uno de tus objetivos al elegir este libro, al igual que yo al escribirlo.

Deja todo lo demás a un lado. Es crucial que te concentres en las páginas restantes de este capítulo durante los próximos minutos.

Ahora formas parte de la historia

La historia interminable, La broma infinita, Si una noche de invierno un viajero, entre otros ejemplos del género literario «elige tu propia aventura», así como obras imaginativas del cine y la ficción, incorporan de manera explícita al lector en la narrativa para cautivar y entretener. Al menos, espero que estés inmerso en la lectura.

APRENDER HACIENDO

En este capítulo adopto un enfoque inmersivo porque aprendemos más haciendo que solo leyendo. Más precisamente, aprendemos mejor al entrelazar la teoría con la práctica.

En el ámbito de la educación para adultos, existe una teoría de aprendizaje llamada 70:20:10, que sostiene que el 70 % de nuestro aprendizaje proviene de las experiencias laborales, el 20 % de las interacciones con colegas y el 10 % de la capacitación formal. Los números no son precisos, no pretenden serlo y en realidad no importan; lo importante es que hay una creencia generalizada de que gran parte (de hecho, la mayoría) de la reconfiguración neuronal tiene lugar en el cerebro durante la *aplicación de la teoría.*

Así que, timeboxea; no te limites a leer sobre ello. Este enfoque experimental subyacente y motivador debería resultarte familiar en este punto.

PARA EMPEZAR,
REALIZA TIMEBOXES PEQUEÑOS

Bueno, hemos comenzado con algo pequeño. Este es un capítulo breve y ya has avanzado un tercio de su extensión.

Para los próximos timeboxes que programes después de este, sugiero que las tareas sean igual de manejables. Ahora piensa —sí, mientras aún estás en este del capítulo 14— en qué podrían consistir esos próximos timeboxes modestos. Te doy algunas ideas:

- ¿Tienes algunas tareas engorrosas que podrían agruparse en un solo timebox de quince minutos? ¿Cuáles son? Haz que sucedan. Muévelas a la parte superior de tu lista de tareas pendientes, ahora. Mejor aún, crea uno en el que abordarás esos engorros.
- ¿Tienes alguna reunión importante la próxima semana? Elige una y establece un timebox de quince o treinta minutos antes para prepararte. También podrías plantar las semillas de futuros beneficios: identifica una reunión *periódica* importante y agrega un timebox *periódico* un poco antes.
- ¿Qué tal si timeboxeas toda una tarde? Supongamos que es martes por la mañana y la tarde del jueves está bastante libre. Entonces, ahora mismo, timeboxea algunas tareas para llenar esa tarde. Y, tal vez, eso pueda convertirse en una rutina en sí misma: timeboxear las tardes de los jueves el martes anterior. Luego, configura esa actividad del martes como un evento semanal recurrente.
- O plantéate un desafío de una semana. Planifica y comprométete con algunos timeboxes todos los días durante una semana. Podría ser leer los diez capítulos restantes de este libro. ¿Podrías extender el desafío a un mes?

Independientemente de cómo decidas empezar con el método, detén la lectura ahora, revisa tu lista de tareas pendientes y tómate unos minutos para agregar algunos timeboxes pequeños a tu calendario antes de continuar con el resto de este capítulo.

¿QUÉ HAS OBSERVADO?

Si el timeboxing de este capítulo va según lo planeado, es probable que hayas reflexionado sobre tu papel como protagonista, aceptado la idea de aprender haciendo, dejado de leer el libro, añadido un timebox a tu calendario, retomado la lectura, y aún cuentas con alrededor de cinco minutos restantes en este timebox. Si eso es lo que está sucediendo, felicidades, tienes suerte, te sale natural.

Y si no es así, también tienes suerte: dispones del material ideal para reflexionar. ¿Qué ha hecho que te desviases? Intenta seguir la cadena. Por ejemplo, ¿te has distraído? ¿Con qué? ¿Ha sido una distracción externa o un pensamiento interno? ¿Estás seguro de que ha sido justo eso? ¿O ya habías perdido la concentración antes? ¿Se podría haber evitado esa distracción? ¿Cómo podrías evitarla en el futuro? Ahondaremos más en este laberinto de ideas en el *Capítulo 18 – Madrigueras de conejo y otras distracciones*.

⌘ ⌘ ⌘

Ahora estás llegando al final de tu timebox. Respira hondo y lleva poco a poco tu conciencia de vuelta a tu entorno y a las demás responsabilidades de tu día. Confirma los beneficios que tiene esta práctica y mantén contigo esta sensación de calma, claridad y productividad a lo largo de tu día. Recuerda que siempre puedes regresar a este estado de paz y productividad pragmáticas cuando lo necesites. Agradece haber decidido utilizar este tiempo con intención.

Bien hecho. Por supuesto, mejorarás con la práctica y a medida que leas más sobre cómo realizar, consolidar y apropiarte del timeboxing. A partir de la experiencia que has obtenido en los últimos quince minutos, cada página que sigue debería resonar más en ti.

Recapitulemos

- El capítulo propone y constituye un ejercicio de timeboxing para que practiques mientras lo lees.
- El timeboxing se puede aprender más rápido si se entrelaza la teoría con la práctica.
- La mejor forma de comenzar es poco a poco.

Reflexionemos

- ¿Has timeboxeado este mismo capítulo? Si no lo has hecho, ¿por qué no? Y si no lo has hecho, ¿cuál es la próxima tarea (pequeña) que *sí* timeboxearás?
- Si te has distraído durante la lectura de este capítulo (y estoy seguro de que le sucedió al 99 % de los lectores), utiliza esa distracción para responder a las preguntas planteadas en la sección «¿Qué has observado?».
- ¿Te funciona el método de «aprender haciendo» que se ha propuesto y mencionado en este libro? Si te resistes, ¿por qué crees que te sucede? ¿Qué ajuste podría ayudarte a obtener más de la próxima sugerencia de aplicar timeboxing a medida que avanzas?

Es entero lo que tiene principio, medio y fin.

—Aristóteles

15

Principio, medio y fin

Palabras clave	Prolongada etapa intermedia; estímulo; puntual; antiprocrastinación; pequeños actos; estado de flujo
Cantidad de palabras	1265
Tiempo de lectura	6 minutos

A estas alturas, ya deberías haber practicado timeboxing por lo menos una vez. Pero ¿cómo podrías mejorar? ¿Cómo sería una buena práctica explicada de manera clara y directa?

Desde luego, el inicio de un timebox no marca el comienzo del proceso. Antes de que empiece el tiempo asignado para ello, ya lo habías planificado, incluso es posible que hayas reflexionado sobre la tarea cuando solo era una idea en tu lista de tareas pendientes. La cosa es que no deberías (tampoco lo harías) llegar hasta él sin preparación. El método y la mentalidad del timeboxing fomentan que ocurra ese tipo de pensamiento previo que te permitirá ejecutar las tareas planificadas con habilidad.

Traslada tu experiencia como protagonista del capítulo anterior a este. Recuerda cómo te has sentido al principio, en el medio y al final, y así comenzarás a dar forma a tu propia versión de timeboxing.

PRINCIPIO

Los consejos sobre cómo organizar de manera adecuada tu entorno, presentados en el *Capítulo 9 – Los fundamentos básicos*, son igual de aplicables aquí. De hecho, si creas un timebox más extenso y centrado en «hacer», hay una mayor probabilidad de desviarse que si configuras uno más breve (de quince minutos) centrado en la planificación.

Empieza a tiempo. Un mal comienzo puede dar lugar a diversos resultados indeseables. Tendrás menos tiempo para la tarea, podrías no cumplir con la fecha límite y, peor aún, podrías desanimarte por completo en cuanto a la práctica del timeboxing. Por supuesto, en algunas ocasiones empezarás tarde. Sin embargo, «en algunas ocasiones» debería entenderse más como una de cada diez, y no como una de cada dos.

Ser consciente de tus momentos de inicio (y finalización) es útil. Con ese propósito, elige unidades de tiempo redondas y familiares (y cuarto, y media, en punto, etc.), en lugar de, por ejemplo, 7:03, 12:19, 16:43, etc., ya que la simple aritmética añade una carga cognitiva sustancial. Hazlo fácil.

La procrastinación está al acecho del inicio rápido. Este problema recurrente ha sido tema de numerosos escritos, así que permíteme compartir una sugerencia práctica que me ha dado buenos resultados a mí y a muchas otras personas. Cuando te enfrentes a una tarea y sientas cierta inercia de procrastinar, identifica la acción más pequeña y la primera que necesitas llevar a cabo para comenzar la tarea. Puede ser abrir un archivo, leer un correo electrónico en particular o buscar ese término desconocido. Puede ser algo tan pequeño como ¡coger un bolígrafo! Para mí, esta primera tarea pequeña a menudo implica ir a mi archivo de notas personales (que, casualmente, es un documento de Google que uso para el calendario de todo el año) y anotar los puntos clave que pronto constituirán la tarea en su totalidad. Esa primera acción física minúscula, el activar las neuronas motoras correctas, produce una cadena de procesos fisiológicos de los cuales surgirán las acciones que te ayudarán a completar la tarea. Aquí te dejo algunos ejemplos de acciones rápidas para vencer la procrastinación:

Tarea	Acciones rápidas
Lavar el coche	• Recoger el cubo • Desenredar la manguera • Buscar el detergente para lavar coches • Buscar las llaves para moverlo (a la sombra es mejor, al parecer)
Corregir un blog	• Volver a abrir el mensaje en el que se solicita esta tarea • Escanear el artículo de manera rápida e indolora • Buscar ese blog • Enviar un mensaje al autor o al colega de marketing indicándole que le has asignado un timebox y para cuándo, y cuándo le enviarás la corrección
Revisar algunas facturas	• Abrir Microsoft Excel • Abrir la factura que puedas encontrar con mayor facilidad
Reservar unas vacaciones	• Elaborar una lista de posibles destinos y compartirla para recibir comentarios de amigos/familiares • Buscar en Google «categorías principales de vacaciones»
Responder a un correo electrónico difícil	• Pensar en por qué esa persona podría haberlo enviado • Abrirlo y volver a leerlo, aunque sea desagradable • Anotar las tres cosas que necesitas decir en tu respuesta

No pongas en duda la legitimidad de tu timebox. Ya has sopesado esa cuestión contigo mismo cuando lo planificaste. Y ten presente que gran parte de este diálogo interno es tu subconsciente buscando maneras de resistirse a esta tarea crucial que, si bien es difícil, es necesaria. Este debate no concluirá nunca: si sustituyes la tarea seleccionada por otra, también será susceptible a más desplazamientos. Es mucho más efectivo contar con un sistema que, a largo plazo, te conduzca a realizar aquellas acciones que necesitas llevar a cabo de verdad. Siguiendo las palabras de los Philadelphia 76ers: confía en el proceso.

MEDIO

Ten cuidado con la prolongada etapa intermedia. Si una tarea es tediosa, grande o agotadora, es mucho menos probable que la completes dentro del tiempo planificado para tu timebox. Así que acorta esa fase asegurándote de que todos sean breves. Aunque suelo optar por los de quince, treinta y sesenta minutos, el más largo y extenso solo lo utilizo en situaciones excepcionales, cuando sé que debo sumergirme en un período prolongado de trabajo continuo y profundo.

Lo ideal sería que, al encontrarte a mitad de una tarea, ya estuvieras inmerso en un estado de flujo (según el concepto de Csíkszentmihályi). Este enigmático y codiciado estado psicológico es subjetivo por definición y difícil de precisar, pero por lo general se asocia con niveles elevados de concentración y control, una pérdida de autoconciencia, una sensación intrínseca de disfrute y una percepción distorsionada del tiempo. Sin embargo, el último de estos rasgos no implica una falta total de la noción del tiempo (lo cual sería problemático para la práctica del timeboxing). Se puede estar en un estado de flujo y al mismo tiempo ser consciente del tiempo y de la importancia de revisarlo de vez en cuando. Aunque el tiempo pueda parecer diferente, se puede gestionar de manera activa aun estando en un estado de flujo.

FIN

También debes terminar a tiempo. No hacerlo conduce a los mismos tipos de resultados no deseados que no comenzar con puntualidad. En el próximo capítulo, exploraremos algunas formas de acelerar cuando sea necesario.

Haz que sea un buen final. Cuando logres completar la tarea con éxito, conviértelo en una pequeña celebración: marca la tarea como realizada, cambia el color del timebox, agrega un emoji de verificación ✅ o simplemente observa tu calendario con satisfacción al verlos cumplidos. Una manera más palpable y social de festejar tus logros es compartir el resultado con alguien a quien le sea útil, pasar la antorcha del progreso y mantener activa la colaboración en equipo.

⌘ ⌘ ⌘

Con algo de práctica, dominarás el timeboxing de manera efectiva: al inicio, al final y en el medio del proceso.

Recapitulemos

- El inicio de un timebox tiene lugar mucho antes del período asignado, concretamente durante la sesión de planificación previa.
- Ten un buen comienzo: puntual y en el entorno adecuado.
- Si notas que estás al borde de la procrastinación, identifica la acción más pequeña que es necesaria para iniciar la tarea.
- No pongas en duda la legitimidad de tu timebox. Simplemente, hazlo.
- Reduce la duración de la etapa intermedia del timebox estableciendo metas más frecuentes.
- Busca alcanzar un estado de flujo al evitar hacer las cosas demasiado fáciles o demasiado difíciles.
- Finaliza a tiempo y celebra haber concluido la tarea con éxito.

Reflexionemos

- ¿Se te da bien empezar una tarea? ¿Qué obstáculos te impiden avanzar? ¿Hay alguna medida que puedas tomar para eliminarlos o reducir su impacto?
- Reflexiona sobre cuándo y cómo entras en un estado de flujo. ¿Qué condiciones propician ese estado? ¿Cómo podrías hacer que esas condiciones fueran más habituales en tu vida laboral y personal?
- ¿Cuál sería una pequeña celebración adecuada para una tarea, según tu criterio?

El tiempo es esencial.

—Derecho inglés y galés

16

Avanzar con ritmo y velocidad

Palabras clave	El triángulo de gestión de proyectos; costo, tiempo, alcance y calidad; innovación; puntos de control
Cantidad de palabras	1928
Tiempo de lectura	10 minutos

Quiero creer que, en este punto, ya estás comprometido por completo con el timeboxing. Queremos que funcione, tanto en la fase de planificación como en la de ejecución. Si nos retrasamos en el manejo del tiempo, surgirá un problema: nos quedaremos sin tiempo para la tarea. Esto puede deberse a imprevistos, a que resultó más desafiante de lo anticipado o, tal vez, simplemente a que malgastamos el tiempo. Si contamos con una advertencia previa y un plan de contingencia adecuado (ambos se detallan a continuación), este inconveniente al cual solemos enfrentarnos desaparece.

Pero antes, repasa el capítulo 12 acerca del dimensionamiento del timebox y cómo se puede desarrollar esa habilidad. Cuando comienzas tu viaje en el timeboxing, estimar con precisión su duración no es tarea sencilla. Sin embargo, tampoco es tan complicado: comienza, repite, acumula experiencia y pronto podrás calcular el 80 % de tus timeboxes con el equilibrio adecuado entre desafío y viabilidad. Este capítulo se centra en ese 20 % de situaciones en las que te retrasas.

PUNTO DE CONTROL A MITAD DE CAMINO

Si conoces los momentos de inicio y final de tu timebox, deberías sentir un determinado nivel de progreso.

Pero no siempre será suficiente. Establece un punto de control explícito a mitad de camino. El punto medio en el *tiempo* es claro y evidente, sobre todo si estableces una hora de inicio y final específica. A veces, el punto medio de la tarea en sí también es obvio (cantidad de palabras escritas, líneas de datos actualizadas, camisas planchadas, empanadas hechas). Sin embargo, hay muchas otras tareas para las cuales el progreso no se mide de manera lineal: idear un nuevo lema para una marca, planificar unas vacaciones con un grupo de amigos de la escuela, avanzar en tu plan de desarrollo personal. En ese tipo de situaciones, será necesario que construyas una percepción de cómo se ve y se siente ir en el camino correcto, y apoyarte en eso. También puedes describir la tarea de manera más detallada y cuantitativa para poder medirla con mayor precisión. Los ejemplos anteriores podrían ajustarse de la siguiente manera: proponer seis lemas diferentes, identificar diez fuentes confiables de información sobre vacaciones y desarrollar una ruta de aprendizaje con cinco elementos.

CALIDAD, COSTO, TIEMPO Y ALCANCE

Entonces, has controlado tu progreso a mitad de camino y te has dado cuenta de que te has retrasado. ¿Qué deberías hacer?

Vamos a explorar un concepto proveniente del ámbito de la gestión de proyectos. La premisa es que en cualquier proyecto (o tarea) se debe buscar un equilibrio entre calidad, costo, tiempo y alcance. Este concepto se ilustra en el siguiente esquema conocido como el triángulo de gestión de proyectos:

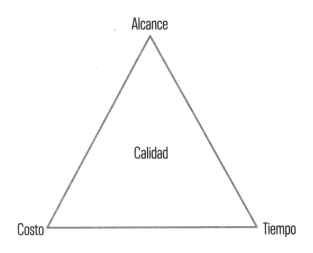

Para que la gestión de proyectos sea efectiva, es necesario realizar ajustes y tomar decisiones acertadas que logren satisfacer a todas las personas involucradas. Si bien en los círculos de gestión de proyectos a veces se critica este modelo por su aparente simplicidad frente a las complejidades caóticas del mundo real, se revela como una herramienta valiosa al utilizarse como marco para analizar y abordar timeboxes individuales de naturaleza más sencilla.

El triángulo nos da un marco para analizar nuestras opciones cuando el tiempo apremia. Hay cinco enfoques posibles y, para ilustrarlos, tomemos el caso de qué hacer con la ropa recién salida de una lavadora que acaba de terminar su ciclo.

Reducir la calidad

También conocido como: apresurarse. Acelerar no quiere decir que haya que entrar en pánico. Podemos acelerar de manera gradual, buscando una disminución elegante que logre un equilibrio práctico entre calidad y velocidad. *Por ejemplo, colgar la ropa rápido para que se seque, aunque luego tenga más arrugas de las que te gustaría.*

Reducir el alcance

También conocido como: hacer menos. En ciertas tareas, hay elementos que pueden eliminarse sin problemas. En estos casos, simplemente prescindimos de lo menos esencial y terminamos a tiempo, tal como lo habíamos planeado. *Por ejemplo, sacar los elementos que tú o tu familia necesitáis con más urgencia; en mi caso, siempre es el uniforme de jiu-jitsu brasileño, el gi.*

Extender el tiempo

También conocido como: pedir una extensión del plazo. Si necesitas más tiempo y no hay ningún asunto crítico esperándote al otro lado de tu timebox, permítete ser más flexible. Te llevará apenas unos segundos ampliar la casilla en un calendario digital, solo hay que ajustar unos píxeles de manera vertical. *Tómate esos diez minutos adicionales que necesitas para colgar la ropa de forma adecuada.*

Aumentar el costo

También conocido como: buscar ayuda. El timeboxing es un método para mejorar la productividad personal, en el cual el único, aunque crucial, costo es el tiempo invertido en él mismo. Por lo tanto, no es muy normal que puedas recuperar el ritmo al invertir recursos económicos en el problema, como al obtener ayuda externa, por ejemplo. Aun así, es una posibilidad concebible y la mencionamos para ofrecer una visión completa. *Pídele a algún familiar que te ayude.*

Algo nuevo y especial

También conocido como: innovar. Rehúsate a sacrificar la calidad, el alcance, el tiempo o el costo; encuentra una forma revolucionaria de hacerlo (como el salto de altura Fosbury Flop que transformó por completo la disciplina, las notas adhesivas Post-it que se convirtieron en una nueva manera de recordar las cosas, los códigos de barras que revolucionaron la logística, el iPhone que cambió todo). De manera menos glamurosa pero más pragmática, la innovación podría implicar descubrir un nuevo *software* o una aplicación, o introducir una nueva fórmula de Excel que suponga un cambio significativo en tu capacidad para realizar una tarea dentro del tiempo establecido. Esta es la solución más satisfactoria, así que acércate a ella, pero lo más normal es que sea la excepción y no la regla. *Invierte en una secadora de ropa.*

En *Hábitos atómicos*, James Clear defiende con énfasis que hay que reducir el alcance; de hecho, uno de sus mantras es «cambia el alcance, no el cronograma». Ofrece el ejemplo de reducir el alcance de una carrera de tres kilómetros a solo uno en aquellos momentos en que dispones de menos tiempo del planeado. Otros ejemplos podrían incluir cocinar una comida menos elaborada, aspirar una sola habitación en lugar de toda la casa o leer un solo artículo científico que sea fundamental sobre un tema en lugar de los cinco que tenías marcados. En términos generales, esta es una heurística útil y esclarecedora. Pero hay situaciones en las que tiene más sentido reducir la calidad (acelerar) o extender el tiempo (cambiar el cronograma). Para contextualizar el ejemplo de Clear de manera hipotética: es fin de semana, estás empezando un régimen de entrenamiento para correr una maratón y no tienes compromisos externos ese día. Aquí probablemente tenga más sentido darte unos minutos adicionales (es decir, aumentar el tiempo y cambiar el cronograma) que disminuir el tiempo para correr.

La importancia del contexto determinará cuál es la solución adecuada ante la posibilidad de quedarse sin tiempo. En el mundo real, con todas las complicaciones que implica, la mejor solución puede ser una combinación de las mencionadas con anterioridad. Utilizaré una de las sesiones de edición de esta sección del libro como ejemplo. Como era de esperar, había destinado un bloque considerable de tiempo para revisar la edición de estos cinco capítulos y había establecido timeboxes más pequeños para cada uno, algunos de quince minutos y otros de treinta. En cierto punto, me atrasé en el cronograma. Me di cuenta de esto. Entonces, tenía las siguientes opciones: reducir el alcance dejando algunos capítulos para otro día o reducir la calidad adoptando un enfoque menos diligente en el trabajo. En lugar de eso, decidí extender los timeboxes; esta fue una de esas ocasiones en las que parecía más apropiado flexibilizar el tiempo, en lugar de cualquiera de los otros tres parámetros.

DE LA TAREA AL DESAFÍO

En la actualidad, no goza de popularidad ni es bien recibido abogar por acelerar el ritmo con el que efectuamos nuestras tareas. La gente ya está muy cansada de por sí; nuestro propósito debe ser aliviar esa carga, no sumar más presión. Estoy de acuerdo con que la salud mental debe abordarse con seriedad y que el agotamiento tiene un impacto significativo. De hecho, uno de los beneficios clave del timeboxing es aliviar esa sensación de cansancio. Sin embargo, también creo que la velocidad puede ser divertida, sobre todo cuando nosotros mismos establecemos un desafío contrarreloj.

Contar con un límite de tiempo y la necesidad implícita de actuar con rapidez puede ser un factor de motivación. La tarea de escribir cien palabras se torna más desafiante al establecer un límite de tiempo realista (por ejemplo, quince minutos). Comienza la cuenta regresiva, se libera un poco de adrenalina en el torrente sanguíneo y al final hay un claro resultado de éxito o fracaso. Es posible que hayas notado que el límite de tiempo ayuda a cumplir algunas de las condiciones (en especial, emparejar el desafío con la habilidad, lo cual le da la justa medida de dificultad) especificadas por Csíkszentmihályi para lograr un estado de flujo. Esto se asemeja a la diferencia entre que te pidan que te describas en un cuadro de texto libre, sin límites, frente a que te pidan hacerlo en solo siete palabras (por ejemplo). Las personas se sienten más motivadas y tienen más probabilidades de completar la segunda versión de la tarea (la más difícil). Para las que realizas de manera reiterada, puedes establecer una marca personal para superar: la mayor cantidad de palabras escritas en una hora, la mayor cantidad de correos electrónicos procesados en treinta minutos, la menor cantidad de errores en quince minutos de ingreso de datos, y así sucesivamente.

Si logras aprovechar la velocidad y disfrutarla, experimentarás, como consecuencia, un aumento en la productividad.

⌘ ⌘ ⌘

Si has configurado bien tus timeboxes, por lo general no necesitarás intervenir para llevarlas a cabo con un estándar aceptable y a tiempo. Pero cuando te des cuenta de que te estás quedando atrás, toma noción de ello al establecer un punto de control a mitad de camino; es fundamental reconocer que existe un problema para poder resolverlo. Luego, si vas con retraso, sabes que cuentas con diversas opciones para retomar el rumbo. Ten presente que, sea cual fuere la opción que mejor se adapte a tu situación particular, hay un gran beneficio que suele subestimarse al compartir con el mundo los frutos de tu trabajo timeboxeado, también conocido como la oportunidad de enviar, compartir o *entregar algo*.

Recapitulemos

- Para que el timeboxing funcione, es crucial mantenernos dentro de los tiempos establecidos.
- En algunas ocasiones, tendremos que apresurarnos.
- El éxito depende en parte de nuestra habilidad para estimar de manera adecuada el tamaño de nuestros timeboxes desde el principio.
- Los puntos de control a mitad de camino son herramientas útiles para cumplir con los plazos.

- Cuando nos retrasamos, podemos: disminuir la calidad, reducir el alcance, extender el tiempo, aumentar el costo o innovar de manera radical. En particular, reducir la calidad, el alcance y el tiempo son, sin duda, las soluciones más comunes y pragmáticas en la mayoría de las situaciones.
- Establecer un límite de tiempo realista para una tarea puede transformarla de una obligación rutinaria en un desafío, lo que resulta motivador.

Reflexionemos

- Piensa en una situación en la que te quedaba poco tiempo para completar algo. ¿Qué solución hubiera sido más efectiva: alcance, calidad o tiempo? ¿Por qué?
- ¿Sabes cuánto tiempo te lleva leer la página de un libro? Para el próximo capítulo, mídelo.
- Ponte límites de tiempo para diversas cosas que hagas hoy. Acostúmbrate y mejóralo. ¿Cuándo te resulta divertido? ¿Cuándo no?

Los verdaderos artistas entregan.

—Steve Jobs

17

Entregar algo

Palabras clave	Enviar; compartir; entregar; entender; satisfacción; suficientemente bueno; compartir eficazmente
Cantidad de palabras	1522
Tiempo de lectura	8 minutos

Ya has hecho algo de trabajo. ¿Es lo bastante bueno? Y ¿cómo va a interactuar y marcar la diferencia en el mundo? Este capítulo se enfoca en estas dos preguntas.

(Una breve nota acerca del verbo *entregar*. En este contexto, la palabra se refiere al transporte de bienes que ya están listos para usarse. Jobs hablaba del *hardware* de computadoras —en concreto, del Macintosh original— de 1983, pero el término puede aplicarse a cualquier tipo de bienes. Actualmente, este uso se ha popularizado en el contexto del desarrollo de *software* y hace referencia al momento en que el producto se lanza a los usuarios finales. En este caso, he utilizado el término para ilustrar el punto en el que una tarea cobra mucho valor al ser revelada).

SUFICIENTEMENTE BUENO = SE PUEDE COMPARTIR EFICAZMENTE

En el capítulo anterior, exploramos diversas formas de ajustar el ritmo de la productividad para poder completar una tarea. Dentro de esas opciones, reducir el alcance, reducir la calidad y extender el tiempo son las estrategias más comunes e importantes. En cuanto a extender el tiempo, no hay mucho más que decir; si es necesario, si es posible y si no hay una alternativa mejor, adelante. Pero ¿qué pasa con el alcance y la calidad? ¿Cuánto se puede sacrificar antes de que el resultado se vuelva deficiente?

La perfección no es necesaria y tampoco es posible. Son pocos quienes la requieren y, para muchas tareas, la perfección (guardar los archivos con un sistema de organización perfecto, tener la superficie de cocina impecable, no cometer errores gramaticales) podría pasar desapercibida incluso para su audiencia. Y los seres humanos rara vez son capaces de alcanzarla. Entonces, pongámonos de acuerdo y apuntemos hacia resultados que sean suficientemente buenos, y eso incluye a los perfeccionistas. Pero ¿qué sería suficientemente bueno?

Una referencia útil es si es algo que está listo para ser compartido. La vergüenza y el orgullo son emociones motivadoras poderosas y antiguas que regulan nuestro comportamiento como seres sociales. La responsabilidad es un concepto más contemporáneo que apunta en la misma dirección. Entonces, cuando nos sintamos listos para compartirlo, teniendo en cuenta que nos da bastante miedo hacer el ridículo, es probable que sea lo suficientemente bueno.

También es crucial que sea útil, lo cual implica que, aunque no sea perfecto, en cierto sentido y *en términos de funcionalidad, esté completo*; esto significa que cumple su función o que el usuario, receptor de la tarea, puede comprender los aspectos esenciales. Para darle más rigor a esta cuestión, podemos tomar una idea de la gestión de productos (no de proyectos). En el desarrollo de productos, se utiliza el concepto de Producto Mínimo Viable (MPV, por sus siglas en inglés), que se refiere a una versión del producto con muy pocas características, pero que aún puede ser utilizada y útil para alguien, como los usuarios beta o *early adopters**. Dado que es un producto menos desarrollado y sofisticado, su ensamblaje resulta relativamente sencillo, lo que permite al equipo de producto observar cómo se usa e implementar mejoras para la siguiente versión. El MPV *se puede compartir de forma eficaz.*

La idea de que algo se puede compartir de forma eficaz como estándar también puede aplicarse a las tareas en general. La estructura de un plan de negocios se puede compartir eficazmente; los primeros párrafos, no tanto. Un correo electrónico que confirma, quizá con una sola palabra, la aprobación de un proyecto a un equipo expectante se puede compartir de manera eficaz; una exposición detallada pero inconclusa de los motivos, no. Un resumen con viñetas de tus comentarios sobre la presentación de PowerPoint de un colega se puede compartir con eficacia; una revisión exhaustiva y brutal de las diapositivas más deficientes de su presentación, no (por varias razones). Un montón de ropa colgada de manera desordenada que luego se distribuirá entre personas específicas se puede compartir eficazmente (alguien más podría doblarla y distribuirla); colgar una selección aleatoria de ropa no lo es.

Este punto se puede ilustrar con un hermoso ejemplo: un vídeo viral hecho con el efecto *time-lapse* en el que un artista dibuja una imagen del Hombre Araña.[57] En la primera sección del vídeo, dispone de diez minutos para completarlo y el resultado exhibe proporciones, sombras y un fondo casi perfectos, lo cual es muy sorprendente. Luego, el artista tiene sesenta segundos para hacerlo y el resultado es una imagen que, si bien el cuello y el torso pertenecen sin duda al Hombre Araña, en general es bastante irregular. En la última sección, dispone de apenas diez segundos, por lo que

---

* El término *early adopters* suele utilizarse en el ámbito tecnológico sin traducir. Se refiere a aquellas personas que son las primeras en probar y adoptar nuevas tecnologías o productos (*N. de la T.*).

solo puede apresurarse a esbozar una cabeza deforme y unos ojos rudimentarios, pero, aun así, todavía se puede reconocer al superhéroe de cómic. La tarea «dibujar al Hombre Araña» se completó y se compartió de manera eficaz (con una sobrina de nueve años, por ejemplo) y, por lo tanto, en los tres casos fue suficientemente buena. Una representación exacta del ojo izquierdo o la barbilla del Hombre Araña no habría superado la prueba de poder compartirse con eficacia y, por lo tanto, es probable que no fuera considerada lo suficientemente buena por la hipotética sobrina.

Hace más de doscientos cincuenta años, Voltaire sugirió que «lo perfecto es enemigo de lo bueno»,[58] lo que implica que al buscar la perfección podemos perder la oportunidad de alcanzar resultados buenos o incluso excelentes. Sigue siendo cierto a día de hoy. En cambio, aquello que se puede compartir de manera eficaz simplemente es un fiel seguidor de lo bueno.

EL MUNDO EXTERIOR

Tu trabajo cobra otro valor cuando alguien puede saborear los resultados. Compartir algo de forma eficaz es una práctica heurística que sirve para determinar si has alcanzado el estándar de «lo bastante bueno». Además, hay otros beneficios que surgen cuando tu trabajo se encuentra con el mundo exterior:

- **Diferentes perspectivas.** Al compartirlo con personas que tienen distintas perspectivas y experiencias, puedes obtener opiniones adicionales sobre tu trabajo. Para muchas tareas, esta variedad de perspectivas e inteligencia colectiva resulta muy valiosa; para algunas, incluso es esencial.
- **Iterar.** Compartir da lugar a la retroalimentación, lo que posibilita que puedas realizar mejoras iterativas en tu trabajo.
- **Participación.** Si lo compartes en el momento adecuado y con la intención correcta, incluso puedes sumar colaboradores para

que te acompañen en el viaje. Esto contrasta con presentar una situación irreversible, lo cual podría irritar, generar discordia y provocar resistencia innecesaria.

- **Crédito.** Si alguien ve lo que has hecho, puedes recibir reconocimiento, elogios o simplemente mejorar tu reputación y estatus en general. Si nadie ve tu trabajo, ese crédito nunca llegará.
- **Productividad colectiva.** Has cumplido con tu parte, por ahora. Entonces, pasa la batuta a otra persona para que tu trabajo siga su curso mientras concentras tu atención en otro lugar donde te necesiten. Grandes o pequeños, todos somos engranajes en una máquina. Si consideramos esa máquina como un esfuerzo humano colectivo, las partes que desempeñamos pueden ser valiosas.

Este principio se aplica tanto a compartir una idea innovadora que rompa paradigmas e inspire a toda la humanidad como a colgar la ropa para que la familia pueda vestirse.

Por supuesto, la mayor parte del tiempo tendremos que compartir nuestro trabajo de todos modos: un jefe lo exige, un colega lo espera, un amigo confía en ello. Pero al tener en cuenta los amplios beneficios que se han mencionado antes, nos motivamos a compartir algo más allá de lo estrictamente necesario.

⌘ ⌘ ⌘

Cumplir con nuestro trabajo, mostrar los frutos de nuestra labor, entregar algo, resulta gratificante. Experimentamos una recompensa intrínseca al completarlo y, además, una recompensa extrínseca al entregarlo. Si adoptamos esta perspectiva y la aplicamos de forma correcta, podremos disfrutar de hasta quince recompensas diarias, representadas por timeboxes debidamente concluidos.

El acto de entregar algo también potencia la productividad. Como exploramos en el *Capítulo 6 – Para fomentar la colaboración*, el timeboxing trata de la productividad, tanto colectiva como individual. Un trabajo que no se comparte es como un pájaro en una jaula de oro. Por lo tanto, haz algo que sea lo bastante bueno y compártelo.

Recapitulemos

- La perfección no es necesaria y tampoco es posible, así que siéntate cómodo y familiarízate con el concepto de «suficientemente bueno».
- Se alcanza el estándar de «bastante bueno» cuando el trabajo que has hecho se puede compartir de manera eficaz.
- Podemos emplear el concepto de Producto Mínimo Viable para determinar qué se puede compartir con eficacia.
- Compartir o entregar tu trabajo tiene numerosos beneficios, entre ellos:
  - obtener distintas perspectivas,
  - tener la posibilidad de iterar,
  - hacer que otras personas participen,
  - ganar el reconocimiento de los demás,
  - mantener el proyecto en movimiento, incluso cuando tu atención está en otro lugar.

Reflexionemos

- Piensa en alguna tarea que te haya hecho sentir orgulloso y que, al compartirla, haya sido bien recibida. Haz que ese ejemplo sea tu regla de oro para entregar algo.
- Ve el vídeo del Hombre Araña que se menciona en este capítulo.
- ¿Sientes que has entendido bien lo que significa el concepto de «bastante bueno» o algo que «se puede compartir con eficacia»? Si no es así, ¿cómo crees que podrías adecuarlo más a tu contexto laboral y a tu vida personal?

¡Dios mío! ¡Dios mío! ¡Voy a llegar tarde!

—El Conejo Blanco (de *Alicia en el país de las maravillas*).

18

Madrigueras de conejo
y otras distracciones

Palabras clave	Distracción; condiciones previas; entorno; estímulos; madrigueras de conejo; *multitasking*; hacer una sola tarea a la vez; desviarse; concentración; procrastinación
Cantidad de palabras	3912
Tiempo de lectura	19 minutos

Este es el capítulo que más ansiaba escribir.

Ya has recorrido un largo camino en tu viaje por el timeboxing. Eres consciente de los beneficios y, por lo tanto, confío en que hayas decidido adoptar y mantener este método y mentalidad. Has seleccionado tareas valiosas y las has planificado de manera sensata, y de esa forma has fortalecido tu determinación. Has entendido cómo se ve y se siente llevar a cabo una buena práctica mientras estás inmerso en el timebox, es decir, mientras estás haciendo la tarea en sí.

Sin embargo, se avecinan momentos difíciles. Durante la duración de cada uno de tus futuros timeboxes, habrá innumerables distracciones al acecho. Vibrará tu teléfono. Sonará una alarma. Te llegará una notificación en el navegador. Te llamará la atención un hipervínculo. La distracción puede venir del interior: un pensamiento repentino, la aparición de un recuerdo o una irritante picazón. Estas son distracciones comunes y genéricas que nos afectan a todos. Cada uno tiene sus propias razones idiosincráticas para distraerse.

No existe una valla a prueba de balas contra las distracciones, pero sí se puede adoptar una serie de medidas protectoras y sensatas. Pero primero debemos comprender qué son esas distracciones y de dónde provienen. Mi función es mostrar algunas situaciones genéricas con todo el detalle posible para que las puedas reconocer. Tu tarea es utilizar estos ejemplos para reflexionar sobre cuáles de esas distracciones (también pueden ser otras) surgen y causan estragos en tu vida. De esta manera, podrás implementar tus propias soluciones.

Un enfoque esencial y práctico para abordar las distracciones implica analizarlas en relación con las **condiciones** que propician la procrastinación, los **estímulos** que desvían nuestra atención y cómo **respondemos** a esos estímulos. Al comprender la interacción entre estos elementos, podemos trabajar para optimizar dichas condiciones, disminuir la influencia de los estímulos y perfeccionar nuestras respuestas ante ellos.

OPTIMIZAR LAS CONDICIONES PREVIAS Y CORTAR LA PROCRASTINACIÓN DE RAÍZ

A veces, surge un problema incluso antes de empezar, el cual se llama «procrastinación»: el acto de postergar algo que sabemos que deberíamos hacer. La procrastinación es muy común: el 20 % de los adultos[59] son procrastinadores crónicos y esa proporción es aún mayor entre los estudiantes.[60] El timeboxing arremete contra ella desde varios ángulos: al empezar poco a poco, proporcionar estructura, fomentar la responsabilidad y, según el Dr. Timothy Pychyl, autor de *La solución a la procrastinación*, brindar ese «impulso de buen humor [que] proviene de hacer lo que pretendemos hacer». Y, sin embargo, a veces, esta extraña e insidiosa reticencia persiste.

Existen muchas causas subyacentes y factores que contribuyen a la procrastinación. Algunos se superponen e interactúan entre sí, pero todavía no terminamos de comprender la mayoría de estas variables. A continuación, enumero algunas de las causas más comunes, con la expectativa de que te identifiques con algunas y la esperanza de que prestes especial atención a aquellas que más resuenen contigo. Los elementos en la parte superior son los más difíciles de resolver y los de la parte inferior, los más fáciles:

- ansiedad, estrés y otros problemas de salud mental;
- no tener la mentalidad adecuada o la motivación suficiente;
- miedo al fracaso o perfeccionismo;
- reticencia para abordar una tarea difícil;
- aburrimiento;
- cansancio, fatiga o agotamiento;
- falta de estructura, especificidad o plazos;
- sentirse abrumado ante demasiadas tareas o una tarea demasiado grande; no saber por dónde empezar.

Esta lista no es exhaustiva. Además, proponer o explicar soluciones específicas para los problemas más complejos que se encuentran en la parte superior va más allá del alcance de este libro. En cierta medida, la práctica del timeboxing le sirve a la mayoría de las personas para abordar todos los impedimentos ya mencionados. Sin embargo, este método no es una panacea para los problemas psicológicos profundos o de larga data; si sufres alguno de esos factores, es posible que debas abordarlos con seriedad buscando ayuda profesional en esas áreas.

Dado que algunos de estos problemas son difíciles, asegúrate de hacer las cosas fáciles. Puedes disminuir el efecto de muchas de estas causas subyacentes al trabajar con la mentalidad y el entorno. Todos los consejos sobre cómo adoptar la mentalidad adecuada y tener el entorno correcto (mencionados en el capítulo 9) al planificar tu timebox (quince minutos al día) son igual de aplicables, o incluso más, al llevarlos a cabo en sí (muchas horas al día). No intentes abordar tareas difíciles cuando estés cansado, fatigado o agotado. El timeboxing viene a echar por tierra los dos últimos elementos de la lista, ya que proporciona una estructura explícita, especificidad y plazos, y decididamente filtra todo excepto una sola cosa, abordando así el agobio cabeza a cabeza, cara a cara.

Desde mi perspectiva, en relación a los elementos ya mencionados, he notado que soy más vulnerable al cuarto elemento (demasiado difícil) y al quinto (demasiado aburrido). Si la tarea de alguna forma constituye un desafío (un ejercicio físicamente exigente, una situación laboral adversa, un problema intelectualmente difícil), encuentro la forma de evitarla. Y si es demasiado fácil o carece de intriga, sorpresa o peso, también termino haciendo otra cosa. Ten presente que estas condiciones problemáticas son justo las que nos impiden encontrar el equilibrio adecuado en un desafío y sumergirnos en el estado de flujo según lo describe Csíkszentmihályi (ver el *Capítulo 5 – Para pensar de manera más inteligente*).

DETECTA Y REDUCE LAS DISTRACCIONES

Has comenzado, estás en el timebox, pero de repente ocurre algo que te saca de él. ¿Cuáles son esos momentos de picardía? Me resulta útil pensar en las distracciones en términos del *medio* en el que se manifiestan (mental, digital y físico), junto con su nivel de *urgencia*. El medio nos ayuda a entender qué son y de dónde provienen; el nivel de urgencia nos orienta para tomar la acción adecuada. Esta forma de abordar el tema da origen a una tabla:

	Digitales	Físicas	Mentales
Sin urgencia	• Una notificación • Un correo electrónico • Un mensaje de texto • Te acomodas otra vez frente a tu computadora después de un descanso y exploras la pantalla en busca de lo que más te llame la atención	• Un pájaro volando • Un mosquito te molesta • Tu perro empieza a ladrar • Escuchas a tus hijos viendo la televisión cuando no deberían estar haciéndolo	• De repente te preguntas si los gallos hacen de verdad el sonido «quiquiriquí» • Recuerdas una parte de tu último sueño • Te preguntas si te habrá llegado algún mensaje o correo electrónico • Tienes sed • Empiezas a aburrirte • De repente recuerdas que tienes una tarea importante en el trabajo que debes completar la próxima semana
Con urgencia	• De repente te llega un correo electrónico que requiere una acción inmediata	• Alguien llama a la puerta principal • Tu bebé se pone a llorar • De pronto suena la alarma de incendios • Alguien grita tu nombre • Te dan ganas de ir al baño	• Se te ocurre una idea importante, una epifanía • Te das cuenta de que te has olvidado las llaves en la tienda donde acabas de estar • Recuerdas que tienes una cita con el dentista ese día (pero no la anotaste en el calendario)

Ten en cuenta que los elementos que no son urgentes bien pueden ser *importantes*, como el caso de la tarea laboral que he mencionado antes. La diferencia más sustancial, en términos de tomar una acción *inmediata*, radica en la *urgencia*, no en la importancia.

Estos estímulos son, precisamente, el punto de partida, ya que activan un mecanismo poderoso. Al principio, no se puede dimensionar la profundidad de la madriguera de conejo. Puede que te encuentres en un callejón sin salida y salgas en uno o dos minutos. O una serie de giros fascinantes puede conducir a otros y, de repente, ves que se esfumaron unas cuantas horas.

El propósito de la tabla es ayudarte a notar las distracciones en el momento en que suceden. Las reconocerás con más facilidad si las buscas y esperas verlas en cualquiera de las tres esferas: digital, física y mental. Estas distracciones nos afectan a todos. La idea es que estos ejemplos sean genuinos y que resuenen con los lectores, pero el capítulo será aún más útil si puedes pensar en un ejemplo más para cada una de las seis categorías. Lo fundamental es que esta tabla brinda un marco para preparar diversas *respuestas* que sean más efectivas frente a los diferentes tipos de estímulos. Si comprendemos que el simple acto de percatarnos de lo que está sucediendo es muy valioso, con un poco de práctica, perfeccionaremos poco a poco esa habilidad.

Muchos de estos estímulos pueden ocurrir varias veces a lo largo de la vida. Algunos se repiten varias veces al día: la mayoría de las personas revisa su teléfono más de cien veces al día. Estos son, por supuesto, los estímulos más perjudiciales, ya que suelen afectar nuestra productividad intencional. Tómate unos minutos para pensar qué estímulos podrían afectarte a ti. ¿Sucede cuando vuelves a tu escritorio? ¿Sucede cuando tu teléfono vibra? ¿O cuando ves cómo aumenta el número de notificaciones de tu bandeja de entrada en la parte superior de una pestaña del navegador? ¿O cuando llegas a casa y ves tareas domésticas por doquier? Estas distracciones recurrentes son oportunidades para realizar mejoras significativas en tu vida.

OPTIMIZA TUS RESPUESTAS

Los seres humanos tenemos la capacidad de elegir nuestras acciones. En las brillantes palabras de Viktor Frankl: «Entre el estímulo y la respuesta hay un espacio. En ese espacio reside nuestro poder para elegir la respuesta. En esa respuesta yace nuestro crecimiento y nuestra libertad».

Sin embargo, en términos generales, las respuestas de los seres humanos modernos frente a los estímulos son caóticas. Tendemos a no notar el estímulo, no somos conscientes de ese espacio al que hace referencia Frankl y, por supuesto, tampoco lo utilizamos. En cambio, reaccionamos sin pensar y sin intención, como si careciéramos de la capacidad cognitiva para intervenir a propósito. Al revisar algunos de los ejemplos de la tabla que he mencionado antes, encaramos acciones como:

- Responder a esa notificación de Slack o correo electrónico.*
- Hacer clic en varias pestañas abiertas de nuestro navegador y terminar comprando, buscando o navegando.
- Bajar las escaleras para ver cómo están los perros, ver que hay ropa recién lavada que hace falta colgar y notar que hay otra carga de ropa que aún falta por lavar.
- Ver un pájaro volando y luego notar otros dos, y junto a ellos una nube pasajera… que se asemeja a un sillón, y así nos perdemos en la ensoñación.
- Buscar «quiquiriquí» en Google nos lleva a una canción infantil, lo cual despierta la curiosidad por las baquetas y así sucesivamente.
- Abrir un segundo documento y comenzar a hacer un segundo trabajo sin haber terminado el primero.*

Intentamos hacer varias tareas a la vez (los elementos con asterisco) o nos perdemos en la madriguera de conejo. En el peor de los casos, el *multitasking* y las madrigueras de conejo son malas:

destruyen la productividad y reducen la sensación de logro. Peor aún, en algunos casos, nos entregamos a ellas y alimentamos adicciones perjudiciales (a las redes sociales, al trabajo obsesivo, a plataformas de mensajería, etc.), anulando la paz, la productividad y el poder del timeboxing. Por otro lado, en el mejor de los casos, el *multitasking* y las madrigueras de conejo pueden ser una alegría, y también hablaremos de eso en breve.

Entonces, ¿cómo deberíamos responder?

Como hemos visto, primero debemos notar esos estímulos. El acto de darse cuenta es un requisito previo para todo lo demás que se menciona aquí, es el espacio para que elijamos nuestra respuesta. Esta es una habilidad que podemos desarrollar a través de la conciencia y la práctica.

Después de eso, debemos decidir lo antes posible si la distracción requiere que tomemos acción con urgencia. ¿De verdad necesitas ocuparte de eso en este momento? En ocasiones, la respuesta realmente será «sí» (como en la mayoría de los ejemplos en la fila inferior de la tabla). En situaciones particulares como esas, por supuesto, haz lo necesario, implementa ese cambio inmediato de plan y no olvides actualizar los timeboxes en tu calendario cuando puedas. Sin embargo, en la mayoría de los casos, la respuesta será «no». Entonces, si es algo que planeas retomar más adelante, apúntalo (evita la frustración de perder un pensamiento fugaz al anotarlo en tu lista de tareas pendientes o, si no puedes hacerlo en ese momento, exprésalo en voz alta, verbalízalo) y regresa a tu timebox programado. O, si puedes descartar la distracción de inmediato, hazlo y regresa al timebox (vuelve al calendario). Si se representara como un diagrama, se vería de la siguiente manera:

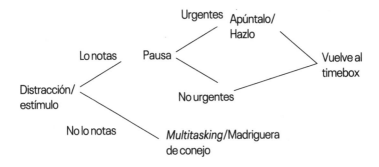

Existen tácticas que pueden ser muy útiles. Facilita una respuesta más efectiva y deliberada al regresar a tu timebox realizando algunos ajustes apropiados en tu entorno (ver *Capítulo 9 – Los fundamentos básicos*).

Pronto asociarás el estímulo con la respuesta de regresar a la seguridad de tu timebox.

MADRIGUERAS DE CONEJO

En más de una ocasión, todos nos hemos metido en una madriguera de conejo. La mente humana y la hiperconexión de Internet constituyen terrenos fértiles donde crecen curiosidades irresistibles y se nutren entre sí.

Las madrigueras de conejo pueden ser una fuente de alegría, ya que son una característica encantadora y exquisita de la experiencia humana, tanto útil como estimulante. Sin embargo, este abandono y esta pérdida de control, aunque al principio son placenteros, pueden tornarse algo negativo. ¿Te resulta familiar la siguiente situación?

Inicias una tarea conforme a tu planificación, pero un inesperado enlace, frase o imagen despierta tu interés. «¿Qué es esto?», te preguntas con curiosidad. Antes de que tu conciencia pueda actuar, haces clic en el enlace y te sumerges en la madriguera de conejo. Experimentas algo completamente nuevo, que ha capturado tu atención por completo. Otro elemento llama tu atención y te aleja aún más de la tarea original. Estás absorto por completo, pierdes la noción del tiempo, entras en un estado de flujo y tomas una decisión tras otra, cada vez con más curiosidad.[61] Tarde o temprano, la emoción de la aventura desaparece y llega el momento de la realización: te has desviado de manera considerable del punto de partida. Abandonas la madriguera de conejo y regresas a la tarea original, pero el tiempo se ha esfumado, quizás en gran medida.

Cuando esto suceda, y sucederá con frecuencia, ya sea con o sin timeboxing, evita castigarte. Cualquier tipo de culpa o preocupación que puedas experimentar es innecesaria, injustificada y no contribuye en nada; de hecho, es una distracción más. La clave reside en prevenir estos desvíos desde el principio (al optimizar las condiciones previas), identificar los estímulos y responder volviendo al timebox. Con el tiempo, asociarás la sensación de estrés, agobio o pánico con la reconfortante idea y la acción de regresar al calendario (al hacer clic en la pestaña superior izquierda de tu navegador).

MULTITASKING

La mayoría de las personas hace *multitasking*. A primera vista, parece ser lo opuesto al timeboxing, un método que defiende la eficacia de hacer una tarea a la vez. Pero ¿es realmente así?

Para empezar, ¿en qué consiste el *multitasking*? Es la práctica de intentar hacer varias cosas al mismo tiempo, lo cual implica dividir nuestra atención entre múltiples tareas con el objetivo de lograr más en menos tiempo. Este concepto se originó en el ámbito de la informática hace décadas, cuando las computadoras solo podían ejecutar una tarea a la vez.

Es una práctica que suele criticarse mucho y es ampliamente incomprendida. Hay diversas investigaciones y una reciente avalancha de contenido en Internet que no la ven con buenos ojos. Se argumenta que cambiar de contexto tiene un costo cognitivo, y la mayoría de los estudios concluyen que el *multitasking* es perjudicial para la productividad. Hay un vídeo muy conocido[62] que ilustra la ceguera por falta de atención, en el que un grupo de personas se está pasando una pelota de baloncesto. Se les pide a los espectadores que cuenten los pases realizados por los jugadores con ropa blanca. Al menos la mitad de los espectadores no notan que hay un gorila que cruza el área de juego durante varios segundos a la mitad del vídeo. Eso quiere decir que no podemos prestar atención a dos cosas a la vez. La ciencia ha hablado, caso cerrado.

De hecho, hay situaciones en las que el *multitasking* resulta un fracaso rotundo: revisar las redes sociales a medias mientras hablamos con un amigo o pareja, enviar mensajes de texto mientras conducimos, programar mientras chateamos, preocuparnos por dos cosas al mismo tiempo, cuidar niños mientras analizamos datos. Uno de los ejemplos más comunes y perjudiciales es abrir un correo electrónico contundente (de esos que nos llenan de pensamientos y sentimientos) durante una reunión, que inmediatamente nos impide contribuir de manera efectiva en las dos tareas (piensa qué bien nos sentiríamos si pudiéramos adoptar la disciplina de posponer el correo electrónico hasta después de la reunión). Cada persona tiene su propio ejemplo de intentar hacer *multitasking* y terminar siendo un fiasco.

Y, sin embargo, otras veces nos parece bien: cocinar mientras escuchamos un pódcast, salir a correr mientras reflexionamos sobre un problema difícil, hacer compras desde el teléfono mientras nos relajamos frente al televisor, pintar cerámica mientras conocemos a alguien en una primera cita.

De hecho, el *multitasking* puede funcionar. Según un estudio,[63] «el secreto para poder hacer varias tareas y hacer un mejor uso de tu tiempo radica en encontrar tareas que no entren en conflicto entre sí» y, en particular, la única forma de que funcione de verdad es *hacer bien* determinadas tareas en las que la demanda cognitiva y el conflicto sean bajos. Por supuesto, «hacer bien» significa cosas diferentes según cada persona.

A continuación, se presenta una tabla con una pequeña muestra de tareas relacionadas con el trabajo y no relacionadas con el trabajo, indicando cuáles se pueden llevar a cabo a la vez y cuáles no. Pero, como siempre, lo importante es si estas combinaciones te funcionan (o no) a ti.

Cómo interpretar este gráfico

1. Selecciona dos actividades para las cuales desees verificar la compatibilidad. Por ejemplo, elijamos «Cocinar» y «Asistir a una reunión».
2. Encuentra la columna etiquetada como «Cocinar» (la primera actividad que has elegido).
3. Ahora, busca la fila etiquetada como «Asistir a una reunión» (la segunda que has elegido).
4. Desplázate hacia abajo por la columna «Cocinar» hasta llegar a la fila de «Asistir a una reunión».
5. El símbolo que aparece en la intersección de la columna y la fila indica la compatibilidad de las actividades. ✓ significa que son compatibles, ✗ significa que son incompatibles, ? sugiere que las actividades podrían funcionar juntas bajo ciertas circunstancias.
6. En nuestro ejemplo, «Cocinar» y «Asistir a una reunión» se cruzan en el símbolo? Esto sugiere que, aunque no es posible hacer ambas actividades al mismo tiempo, en todas las situaciones podrías, por ejemplo, asistir a una reunión con la cámara apagada y ponerte los auriculares mientras cocinas.

Cortar el césped

✗	Cocinar							
✗	✗	Leer						
✗	✗	✗	Enviar correos electrónicos					
✗	?	✗	?	Asistir a una reunión				
✗	✗	✗	✗	✗	Lavar la ropa			
✔	✔	✗	✗	✗	✔	Tener pensamientos difusos		
✗	✗	?	✔	✔	?	✔	Hacer actividad física suave	
✗	✗	✗	✗	✗	✗	?	✗	Hacer actividad física intensa

Para que algunas de estas combinaciones funcionen, quizá tengamos que usar un poco la imaginación. Por ejemplo, no es del todo imposible hacer actividad física suave durante una reunión, pero hay que elegir con cuidado qué ejercicios realizar (ejercicios de fuerza en los dedos, saltar en una pelota de Pilates, caminar en una cinta mientras trabajas en casa). Es difícil leer un libro mientras cocinas, pero quizá podrías escuchar un audiolibro.

Otras combinaciones variarán según el contexto, especialmente en función de las fortalezas y características individuales, así como del nivel de rendimiento necesario. Por ejemplo, una de las combinaciones más comunes y notorias es la de los correos electrónicos y las reuniones: ¿puede alguien enviar correos electrónicos y, en consecuencia, no poner toda su atención a lo que dicen sus colegas? No está claro. ¿Y si la reunión no es tan relevante para el infractor que envía correos electrónicos? ¿O si hay un correo urgente que necesita enviarse durante una reunión extensa? El contexto es crucial, así que reflexiona, decide qué funciona mejor para ti y comunica con claridad tus preferencias de trabajo y estilo de vida a aquellos que comparten contigo tanto el trabajo como la vida.

Existen innumerables combinaciones que no he incluido en esta tabla de muestra, como, por ejemplo, tareas desafiantes como preocuparse/reflexionar, que pueden estar relacionadas a la vez con dos preocupaciones distintas. Esto representa un problema para muchos de nosotros.

De hecho, incluso hay situaciones específicas en las que el rendimiento puede *mejorar* al incorporar una segunda actividad. Cuando nuestro pensamiento difuso desbloquea algo que nuestro pensamiento enfocado no ha logrado, o cuando una actividad es demasiado fácil y corremos el riesgo de aburrirnos y desecharla a menos que esté acompañada por una segunda actividad (por ejemplo, doblar la ropa mientras escuchamos un pódcast). Incluso puede haber ventajas cognitivas al hacer *multitasking*; en un estudio,[64] los participantes que más tendían a hacer *multitasking* con multimedia lograron hacer una integración multisensorial más efectiva (la capacidad del cerebro para combinar y procesar información de los cinco sentidos: vista, oído, tacto, gusto y olfato).

En aquellas situaciones en particular en las que el *multitasking* funciona, el timeboxing es igual de apropiado y útil. Selecciona cuidadosa e intencionadamente el par simbiótico de actividades, descríbelas en consecuencia y luego realízalas dentro del mismo timebox de manera alegre y productiva. El propósito del timeboxing y de este libro es ayudarnos a usar nuestro tiempo de manera efectiva, no imponer reglas inflexibles. Y para todas las otras situaciones en las que hacer *multitasking* no funciona (aunque te sientas tentado de hacerlo): date cuenta, haz una pausa, anota lo que haga falta y regresa con serenidad, sin culpas, a tu timebox.

⌘ ⌘ ⌘

Las distracciones son inevitables, y aceptarlas forma parte tanto de la vida como del timeboxing. Al comprender las condiciones previas, los estímulos y nuestras respuestas a ellos, estarás en un lugar mucho mejor para ser leal a tus intenciones y ejercer una mayor influencia en tu vida. No es necesario ni posible abordar todo esto a la perfección. Solo necesitas utilizarlo como guía para orientarte en la dirección correcta y obtener recompensas.

Recapitulemos

- Las distracciones son una amenaza para el timeboxing.
- Podemos desglosar las distracciones en: las condiciones previas que las favorecen, los estímulos que las desencadenan y nuestras respuestas frente a ellas.
- Al empezar a notar estos aspectos, podemos mejorar la situación en estos tres frentes.
- Las madrigueras de conejo pueden afectar la productividad (y también nos pueden dar alegría).
- El *multitasking* también puede afectar la productividad (y también nos puede dar alegría).
- Algunas combinaciones de actividades pueden tener lugar al mismo tiempo, pero hay otras que no. Descubre qué combinaciones te funcionan a ti.

Reflexionemos

- ¿Cuáles son las maneras más habituales en las que terminas desviándote de tus metas planificadas?
- Te distraerás de tus timeboxes y de este libro varias veces, incluso hoy. Trata de notar cuándo sucede esto y cómo respondes. Piensa en cómo podrías evitar el estímulo y reflexiona sobre cómo mejorar tu respuesta.
- Crea una ayuda física y visual para salir de las madrigueras de conejo, como un pequeño letrero o pegatina que diga «Regresa al calendario» o una alfombrilla para el ratón que tenga una imagen que cumpla el mismo propósito o, incluso mejor, un mensaje que hayas ideado tú mismo. Colócalo

en algún lugar visible, como al lado de tu estación de trabajo o en la funda de tu teléfono.

- Diseña tu propia tabla de actividades que se pueden o no realizar al mismo tiempo. ¿Qué combinaciones parecen servirte más? ¿Qué combinaciones podrían ser viables si usaras un poco la imaginación?

PARTE CUATRO – ADOPTAR

⌘ ⌘ ⌘

Esta última sección trata de integrar el timeboxing en tu vida cotidiana y de que se convierta en una parte de ti. Cumplir la promesa de llevar una vida intencional requiere un esfuerzo sostenido a lo largo de años y décadas que abarque los tres segmentos fundamentales de nuestra existencia: trabajo, ocio y sueño.

Un Anillo para gobernarlos a todos, un Anillo para encontrarlos, un Anillo para atraerlos a todos y atarlos en las tinieblas.

—J. R. R. Tolkien

19

Construir el hábito

Palabras clave	Rutina; comportamiento; estímulo; motivación; recompensa; anclaje; apilar hábitos
Cantidad de palabras	2389
Tiempo de lectura	12 minutos

Para que el timeboxing rinda sus frutos a lo largo de tu vida, es crucial que lo practiques de manera constante. Si logras que se convierta en un hábito, es más probable que alcances esa constancia. Si no lo logras, los conocimientos adquiridos en este libro se desvanecerán con el tiempo. En cambio, al convertirlo en una práctica habitual, abrirás la puerta a convertirte en la persona que aspiras ser, realizar las acciones que deseas emprender y elegir una vida que aprenderás a valorar.

Todos poseemos tanto hábitos buenos como malos. Algunos hacemos actividad física con regularidad, mantenemos una alimentación saludable, meditamos, cuidamos nuestra higiene, trabajamos arduamente, interactuamos con nuestros vecinos, leemos, aprendemos, entre otras cosas. Sin embargo, también caemos en malos hábitos, nos mordemos las uñas, apostamos de manera compulsiva, utilizamos el teléfono como si estuviéramos hipnotizados, hacemos compras innecesarias, nos damos atracones de medios de comunicación, consumimos comida basura, procrastinamos, entre otras conductas perjudiciales.

El timeboxing se erige como un metahábito capaz de estructurar y dirigir otros hábitos. Incluso los buenos ya mencionados pueden gestionarse con eficacia mediante él. Este hábito único y central se posiciona como el elemento que puede facilitarnos el desarrollo de múltiples hábitos secundarios. Me gusta concebir al timeboxing como el hábito que puede gobernarlos a todos.

CÓMO FUNCIONAN LOS HÁBITOS

En la última década ha surgido una avalancha de contenido, tanto en la literatura científica como en la popular, centrado en el tema de los hábitos. *Enganchado*, de Nir Eyal, nos reveló cómo las grandes empresas tecnológicas diseñan productos para atraparnos, mientras que *Hábitos atómicos*, de James Clear, introdujo a millones de personas la idea de consolidar hábitos al facilitar el comportamiento. Estos dos autores, y muchos otros, han basado sus ideas en las décadas de trabajo que realizó BJ Fogg sobre el cambio de comportamiento y la formación de hábitos. Científicos, neurobiólogos, conductistas, antropólogos y otros expertos han hecho sus aportes al creciente conocimiento que existe sobre este tema en una época marcada por el tiempo que pasamos frente a la pantalla y la dopamina digital.

He elegido el modelo de conducta de Fogg para explicar por qué incorporar el timeboxing como hábito es muy sencillo. En mi opinión, es el más simple y natural. Fogg descompone la conducta de la siguiente manera:

Comportamiento = Motivación x Habilidad x Estímulo

Según este modelo, un comportamiento (incluido un hábito) ocurrirá cuando la motivación, la habilidad y un estímulo se alineen en el mismo momento.

Por ejemplo, un comportamiento podría ser releer este capítulo, y podrías hacerlo porque:

- Te sientes motivado (reconoces que convertir el timeboxing en un hábito es importante y no has terminado de comprender cómo hacerlo en tu primera lectura).
- Eres capaz (volver a leer un solo capítulo no es difícil).
- Te lo sugiere la lectura de este conjunto de viñetas.

Recuerda que el timeboxing consta de dos componentes: la planificación (Parte Dos) y la ejecución (Parte Tres). Son interdependientes: es más probable que sigamos planificándolos si los llevamos a cabo; y es más probable que los llevemos a cabo si los hemos planificado. Ambos aspectos son necesarios para que se convierta en un hábito sólido.

Pronto notarás que ya estás motivado, capacitado y estimulado para hacer timeboxing. Por ende, construir el hábito de realizarlo todos los días será más sencillo de lo que crees.

MOTIVACIÓN

A estas alturas, ya has leído más de doscientas páginas de un libro dedicado al timeboxing. Es razonable pensar que ya cuentas con cierta motivación para incorporar esta práctica.

Sin embargo, si sientes que necesitas un impulso adicional, recuerda los beneficios detallados en la Parte Uno. Son seis en total: para dejar constancia, para tener serenidad, para pensar de manera más inteligente, para fomentar la colaboración, para aumentar la productividad y para llevar una vida intencional. Mejor aún, elige el beneficio que tenga más valor para ti, conviértelo en un mantra fácil de recordar y recuérdalo como parte de tu estímulo (ya sea en una nota adhesiva, un salvapantallas, un correo electrónico programado, etcétera).

Otra manera de impulsar la motivación es vincular la planificación de tu día con una actividad que disfrutes. Por ejemplo, si te gusta disfrutar de una taza de café por la mañana, usa los quince minutos que te lleva beberlo para planificar tu día. Una asociación positiva como esta servirá para que el timeboxing se convierta en una actividad que te haga sentir bien.

¿Y qué hay de las recompensas para aumentar la motivación? Existen varias recompensas emocionales que puedes asociar con la planificación de los timeboxes. En primer lugar, puedes absorber la sensación positiva de haber comenzado tu día de la mejor manera posible; ver un día timeboxeado por completo ante ti puede ser satisfactorio. En segundo lugar, este método puede ayudarte a sentir menos ansiedad acerca del día que se avecina. Aprovecha esta sensación de alivio, que en sí misma es una recompensa que fortalecerá tu hábito. Si compartes tu calendario con otras personas, incluso podrás experimentar una sensación de satisfacción social. Como señala Fogg, este tipo de recompensas emocionales nos ayudan a forjar y consolidar hábitos.

La conclusión exitosa de un timebox debería dejarte con una sensación de logro. Cada uno de estos logros es real y deberías sentirte bien al respecto. No te resistas a disfrutar de esa sensación positiva, ¡aprovéchala! Quizá puedas celebrar la ocasión al tacharla físicamente en papel, digitalmente con un emoji o con el simple hecho de reconocerla en tu mente. Al final del día o de la semana, echa un vistazo a lo que has logrado. Será muchísimo.

Haz que el timeboxing sea una experiencia divertida. El *Capítulo 16 – Avanzar con ritmo y velocidad* se centra en gran medida en este aspecto. Una tarea que podría parecer aburrida, fácil o monótona (como ingresar datos en una hoja de cálculo, vaciar una bandeja de entrada, lavar los platos) puede transformarse en un desafío interesante al aplicarle una restricción de tiempo.

En algunas ocasiones, es posible que debas ponerte firme contigo mismo. Deja a un lado las excusas y recuerda la persona que aspiras a ser: alguien intencional que lidera la vida que has elegido.

Puede serte útil visualizar, incluso exagerar, las consecuencias de *no* hacerlo: la sensación de decepción, el agobio, las implicaciones de no completar las tareas e incluso la culpa y la vergüenza pueden utilizarse a tu favor en este contexto. Como señala el neurobiólogo Andrew Huberman, «anticipar el fracaso es más efectivo que imaginar el éxito».

Por último, recuerda que *tú* eres la máxima fuente de motivación. Fuiste tú quien decidió la secuencia específica de actividades programadas que ves en tu calendario. Ese poder superior fuiste tú mismo, en un momento en el que reinaba la calma antes de la tormenta del día. ¿Qué mejor que escuchar a tu yo de ese momento? Tu yo del pasado puede ser el guía motivacional de tu yo del presente, si tan solo tu yo del presente prestara atención.

HABILIDAD

En el modelo de conducta de Fogg, hay un principio fundamental: a medida que un comportamiento se vuelve más fácil de realizar, se reduce la necesidad de tener una motivación para llevarlo a cabo. Por otro lado, cuando un comportamiento es más complicado, se requiere un nivel de motivación más elevado. A pesar de tener la motivación necesaria, nuestra meta es hacer que el timeboxing sea lo más *sencillo* posible.

En cuanto a la planificación, solo hace falta invertir quince minutos para mejorar el resto de tu día de manera drástica. ¡Una oferta excepcional! Sin embargo, procura que ese primer paso sea lo más pequeño posible. En lugar de destinar quince minutos a la planificación diaria, piensa en cuál será tu primera acción. Fogg se refiere a esto como el «paso inicial». Al implementar el timeboxing, ese paso inicial podría ser abrir Microsoft Outlook o Google Calendar. O, tal vez, cerrar los ojos durante sesenta segundos y observar las prioridades que surgen. Identifica el primer elemento de cómo planificarás tu timebox en los términos más simples y prácticos. Asegúrate de que sea fácil, tangible y práctico. Una vez que hayas dado ese paso inicial, es mucho más probable que continúes con el resto de la planificación diaria.

Para llevarlos a cabo, solo necesitas encarar una tarea sencilla. Tan solo una. Aunque no siempre sea glamorosa, divertida o fácil, esta tarea, que tú mismo has seleccionado hace poco, te liberará de muchas otras. Además, no es necesario dedicarle mucho tiempo, solo quince (o treinta o sesenta) minutos.

ESTÍMULO

Un estímulo es cualquier cosa que indique: «Realiza este comportamiento ahora». Algunos se presentan de manera natural en nuestro entorno, como las gotas de lluvia que nos instan a abrir un paraguas. Sin embargo, para muchos otros hábitos, como el timeboxing, tenemos que diseñar el estímulo.

¿Cuál será ese estímulo que te recordará planificar tus timeboxes a diario? Para aquellos que utilizan un calendario digital, la respuesta es sencilla: el evento de quince minutos al inicio de nuestro día en el calendario. En el capítulo 9 te animé (¡te incité!) a añadir este timebox periódico. Si no lo hiciste en ese momento, por favor, hazlo ahora (el segundo estímulo).

Dale a este evento diario en el calendario todas las oportunidades para tener éxito como estímulo. Para que funcione, deberás verlo a tiempo todos los días, sin excepción. Si ya estás acostumbrado a que mirar tu calendario sea lo primero que haces en el día, no lo pasarás por alto y no tendrás problemas. Pero si comienzas tu día con alguna otra actividad, tendrás que averiguar cómo pasar de esa rutina matutina a la cita «Hacer el timebox de hoy» en tu calendario.

Aquí tienes algunos ejemplos:

- Si vas al baño para cepillarte los dientes o ducharte por la mañana, coloca un letrero en el espejo o cerca de la puerta que te recuerde abrir tu calendario.
- Si tu primera actividad es prepararte una taza de café, pega una nota adhesiva en el armario de la cocina donde guardas las tazas.
- Si lees noticias en línea en tu tablet apenas te despiertas, crea un recordatorio (diario) en tu dispositivo para luego ir a tu calendario.

Sea cual fuere el comportamiento o la rutina que elijas para comenzar a hacer timeboxing, piensa sobre todo en *su último acto*. Fogg lo llama el «borde final» del comportamiento. Supongamos que tu primera actividad es ducharte. ¿Cuál es la *última parte* de ese proceso? ¿Es poner la ropa en la canasta de ropa sucia, apagar la luz del baño, echarte un poco de colonia o perfume, u otra cosa? Sin importar lo que sea, *utilízalo* como tu estímulo para comenzar. Esto se complica un poco si no estás en el mismo espacio físico o habitación donde te gustaría llevar a cabo el timeboxing de tu día. En este caso, podría ser efectivo mantener el estímulo en mente durante esta transición al decir algo como «A continuación, planificaré mi día con timeboxing» en voz alta algunas veces, hasta que al final llegues al lugar donde lo llevarás a cabo.

Este método de asociar el comportamiento que intentas desarrollar (timeboxing) a un hábito ya existente y arraigado (ducha, café, tablet) se conoce como «anclaje», según Fogg. Después, James Clear utilizó el término «apilar hábitos».[65]

¿Y cuáles son los estímulos para realizarlos a lo largo del día? También es sencillo: la serie de timeboxes que has creado en tu calendario. Solo necesitas mantenerte cerca de él.

Por supuesto, a medida que el día avanza, a veces suceden cosas que pueden apartarte del timeboxing. Suena el teléfono, tu hija te hace una pregunta, alguien llama a la puerta. La clave aquí es reconocer que te has desviado del camino. Y este momento de reconocimiento es el estímulo para regresar a tu calendario, a tus timeboxes. Por ejemplo, muchas personas se sientan frente a la computadora varias veces al día (después de descansos, reuniones, etc.). Y el estímulo positivo es el propio calendario timeboxeado, pero solo será efectivo si nos topamos con él. Entonces, cuando te sientas y retomas el trabajo, ¿qué sucede exactamente? ¿Abres la pantalla de tu computadora portátil? Si es así, coloca una pegatina en la tapa para recordarte que vuelvas al calendario. ¿O lo primero que ves es tu salvapantallas? Entonces, convierte ese salvapantallas en un mensaje que diga «vuelve al calendario». ¿Coges un taburete? Otra vez, una pegatina visible y bien colocada podría servir como recordatorio, justo en el momento en que lo necesitas.

⌘ ⌘ ⌘

El timeboxing no es un comportamiento del todo nuevo. Todos tenemos citas, reuniones y horarios, y la mayoría de las personas ya utiliza un calendario digital. Entonces, el hábito que necesitas incorporar es una extensión de un comportamiento existente, no establecer uno completamente nuevo. Las probabilidades son buenas. De hecho, es bastante posible que puedas incorporarlo como un hábito en el tiempo que tardes en leer este libro.

Los hábitos que importan son aquellos que perduran. Sigue estos consejos y pronto estarás haciendo timeboxing de manera sublime e inconsciente, y podrás incorporar hábitos secundarios con facilidad.

Recapitulemos

- Incorporar el timeboxing de manera consistente marcará una diferencia muy importante en tu vida.
- El timeboxing actúa como un hábito fundamental capaz de orientar y organizar diversos aspectos de tu rutina diaria.

- Según el modelo conductual de Fogg, la fórmula es: Comportamiento = Motivación x Habilidad x Estímulo. Estos tres componentes son esenciales para que un hábito se forme, y tú ya los posees en gran medida.
- Ancla el timeboxing (planificación y ejecución) a un hábito existente para hacerlo aún más accesible.
- No se trata de algo novedoso, sino de la extensión y mejora de conductas ya arraigadas, como el uso de tu calendario. Esta conexión facilitará enormemente la adopción del timeboxing como hábito.

Reflexionemos

- Evalúa tu motivación y tu habilidad para llevar a cabo el timeboxing. ¿Cómo podrías potenciarlas?
- Envía un correo electrónico a tu «yo» del futuro, prográmalo para que te llegue y detalla las razones que te llevaron a empezar a hacer timeboxing. Cuando lo recibas, pregúntate si has logrado incorporar el hábito de hacerlo.
- Observa en qué momento te resulta difícil iniciar o completar un timebox. ¿Ocurre cuando la tarea es aburrida? ¿O difícil? ¿Quizá cuando involucra a ciertas personas? ¿O cuando la cita está automatizada?
- Para reforzar el recordatorio de volver al calendario, descarga un salvapantallas desde marczaosanders.com/rtc o, aún mejor, créalo tú mismo.

No hay tiempo como el presente.

—Mary Manley

20
Como el *mindfulness*

Palabras clave	Control mental; meditación; Zen; el momento presente; santuario; autonomía; analogía
Cantidad de palabras	1024
Tiempo de lectura	5 minutos

Puede resultar útil y motivador considerar al timeboxing como una forma muy práctica y accesible de *mindfulness*. Útil si ya cuentas con experiencia en la atención plena y las prácticas que contribuyen a alcanzar un estado de absoluta conciencia. Y motivador si aspiras a llevar una vida más consciente. *Mindfulness* se define como:

> El estado mental de estar completamente presente, consciente de dónde estamos y de lo que estamos haciendo, sin reaccionar ni distraernos frente a lo que sucede a nuestro alrededor.

Al leer esta definición, es posible que notes que el timeboxing comparte varias de estas características. Sin embargo, para algunas personas, el timeboxing resulta más sencillo y accesible.

El *mindfulness* y el timeboxing se parecen

Las similitudes son muchas y son sorprendentes. A continuación, describiré algunas.

Ambos tienen como objetivo principal desarrollar un mayor control sobre nuestra mente. Cuando nos embarcamos en una meta que requiere esfuerzo mental, nos enfrentamos a distracciones, y es entonces cuando entra en juego la habilidad metacognitiva: nos percatamos de la distracción y regresamos, sin emitir juicios ni culparnos, a la actividad que teníamos prevista. Incluso hacer una breve pausa consciente (que podría timeboxearse) entre dos reuniones crea una especie de amortiguador cognitivo que separa la actividad mental que implica la primera reunión de la segunda. Este simple acto mejora la experiencia en ambas situaciones y demuestra cómo ambos métodos pueden complementarse. Ambos contribuyen al desarrollo de nuestra autonomía y a la percepción de tener control sobre nuestras acciones.

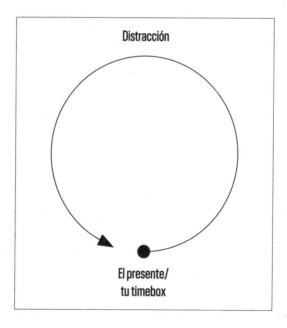

Además, nos ayudan a no sentirnos abrumados. El *mindfulness* nos ayuda a manejar el agobiante volumen de datos sensoriales e información a los que nos enfrentamos día a día, y nos permite concentrarnos y disfrutar de lo que importa de verdad. El timeboxing nos ayuda a enfrentar la sorprendente cantidad de decisiones que debemos tomar en determinados momentos; elegir una, descartar las demás y enfocarnos en una sola tarea, la única que importa. Ambos métodos se enfocan en dirigir la atención desde aquello que es incuantificable hacia una sola cosa. Asimismo, nos protegen contra pensamientos y sentimientos que podrían perturbarnos, ofreciéndonos un refugio, un espacio seguro, una fortaleza; incluso, un santuario u oasis.

Los dos nos brindan acceso a la versión superior que es nuestro yo en un momento anterior, donde estaba más tranquilo y mejor. El *mindfulness* nos facilita el acceso, la observación y la comprensión de nuestros pensamientos más íntimos y de las emociones más profundas, aquellos aspectos de nuestra vida que realmente nos emocionan, asustan o resultan importantes en ese momento. Por su parte, el timeboxing establece un vínculo constante con el pensamiento claro y la planificación de nuestro yo en estado de tranquilidad y sin distracciones.

Priorizan el presente sobre el pasado o el futuro. El *mindfulness* dirige nuestra atención al momento presente. En palabras de Sam Harris: «El futuro nunca llega».[66] Lo mismo sucede con el timeboxing, ya que tenemos la sensación de que lo único que existe es el timebox en el que te encuentras. Nos anima todo el tiempo a comprometernos con el presente en forma de caja.

Ambos pueden cultivar la gratitud. El *mindfulness* fomenta una sensación de gratitud y aprecio hacia el momento presente y las bendiciones de nuestra vida que de otra manera quizá daríamos por sentado. El timeboxing nos hace reflexionar sobre la amplia y abrumadora gama de opciones que se nos presentan, y nos recuerda que este abanico de posibilidades constituye un privilegio del cual pocos seres humanos a lo largo de la historia de nuestra especie han podido aprovechar.

Sus máximos beneficios (descritos en la Parte Uno) coinciden con los del *mindfulness*. Este último nos permite conocernos mejor gracias a la autoconciencia. Alcanzar un nivel de serenidad a través de la aceptación. Pensar de manera más inteligente mediante la claridad. Colaborar mejor con empatía y amabilidad. Hacer más gracias a la concentración. Y llevar una buena vida a través de la intención.

PERO EL TIMEBOXING ES MÁS SENCILLO

Durante al menos dos mil quinientos años, las personas han obtenido enormes beneficios de practicar *mindfulness* para adquirir conocimiento, reducir el estrés y potenciar el bienestar.

Sin embargo, lograr y mantener este tipo de estado consciente, momento a momento, no es tarea fácil. Es un estado etéreo y efímero, lo que dificulta determinar cuándo se ha alcanzado el *mindfulness*. Y para los demás es imposible saber si lo has logrado. En cambio, el timeboxing se asemeja más a un buen libro que tienes entre las manos: completamente accesible, estable y sólido.

Un timebox es tangible, es un evento en tu calendario que puedes señalar y editar. Te da instrucciones precisas sobre qué hacer y cuándo hacerlo. No es para nada esquivo.

Además, es comprensivo. En una ventana de treinta minutos, por ejemplo, dispones del tiempo necesario para cometer errores, distraerte, notar la distracción y retomar el rumbo, incluso varias veces si es necesario.

El éxito o el fracaso de un timebox es evidente: completas la tarea dentro del tiempo o no lo haces, apruebas o fallas. De cualquier manera, reflexionas y mejoras. Pero ese ciclo de retroalimentación es más sólido y educativo ya que hay un resultado explícito.

Ni este capítulo ni este libro tienen la intención de menoscabar la tradición del *mindfulness*. Sin embargo, para algunas personas, el timeboxing, al ser más fácil y tangible, podría servir como un paso hacia una vida consciente.

⌘ ⌘ ⌘

El timeboxing y el *mindfulness* pueden complementarse mutuamente. Reflexionar sobre ambas técnicas al mismo tiempo puede hacer que el timeboxing resulte más atractivo y el *mindfulness* más alcanzable.

Recapitulemos

- El *mindfulness* y el timeboxing comparten muchas características.
- Para muchas personas, el timeboxing resulta más accesible.
- Además, el timeboxing puede servir como un camino hacia el *mindfulness*.

Reflexionemos

- ¿Qué otras similitudes observas entre el *mindfulness* y el timeboxing?
- ¿En qué otras situaciones centras de manera consciente tu atención? ¿En qué momentos lo haces mejor? ¿En qué situaciones lo haces peor?
- Configura un timebox de quince minutos para meditar sobre el timeboxing. Cierra los ojos, evócalo en tu mente y observa lo que experimentas durante ese período. Luego, registra tus recuerdos. Ahora bien, ¿percibes otras similitudes entre las prácticas de *mindfulness* y timeboxing?

Descansa y agradece.

—William Wordsworth

21

Descansar mejor

Palabras clave	Descansar; recuperación; energía; revitalización; pausa; tiempo libre; relajar; calmar; cierra los ojos; respirar; respirar profundo
Cantidad de palabras	1664
Tiempo de lectura	8 minutos

No solemos reflexionar lo suficiente sobre cómo tomar los descansos de la mejor manera. La mayoría de las personas los toma cuando está mental o físicamente agotada y no se encuentra en el estado ideal para elegir la mejor forma de aprovechar ese tiempo. En cambio, al igual que cuando timeboxeamos las tareas, debemos buscar la manera de ser más intencionales acerca de los descansos, el reposo y la revitalización.

Los descansos son esenciales. En un estudio realizado por Microsoft en 2021,[67] se utilizaron electroencefalogramas (EEG) para comparar la actividad de ondas beta (asociada con el estrés) entre los participantes que habían asistido a varias reuniones virtuales consecutivas y aquellos que tomaban breves descansos (de diez minutos) entre ellas. El experimento arrojó tres conclusiones. En primer lugar, los descansos permiten que el cerebro se reinicie, y eso reduce la acumulación de estrés que puede generarse en un día ajetreado. En segundo lugar, generaron niveles positivos de asimetría alfa frontal (asociada, entre otros beneficios, con una mayor capacidad de enfoque y compromiso). En tercer lugar, la transición directa de una reunión a la siguiente causó un aumento en los niveles de estrés. Los descansos nos ayudan a sentirnos y rendir mejor.

Aunque los descansos son importantes, cada uno de nosotros busca y obtiene cosas diferentes de ellos. Aquí nos centraremos en particular en los descansos intradiarios, pero también haremos una breve parada en los fines de semana y vacaciones.

En muchas jurisdicciones, incluso existen responsabilidades legales para los empleadores y derechos para los empleados. Por ejemplo, en el Reino Unido, cualquier persona que trabaje más de cuatro horas de manera continua tiene derecho a un descanso de al menos treinta minutos.

Supongo que la mayoría de las personas que están leyendo este libro son conscientes de sus derechos legales. También asumiré, como lo he hecho a lo largo del libro, que tienes cierto margen para elegir y planificar tus descansos.

Entonces, ¿por qué, para qué y durante cuánto tiempo?

¿CON QUÉ PROPÓSITO?

Voy a clasificar las actividades relacionadas con los descansos según su *propósito*. Esto hace referencia a la intencionalidad del timeboxing y a la autonomía que el método invoca y potencia. Así que, si bien es válido dividirlas de otra manera (por ejemplo, sociales, recreativas, educativas, entre otras), de esa forma no llegaríamos al quid de la cuestión, al *por qué*. Tomamos descansos:

- **Para nuestra mente.** Con el propósito de descansar o desviar la atención del cerebro, para reducir el estrés y prepararlo para lo siguiente.
- **Para nuestro cuerpo.** Con el objetivo de nutrir nuestros músculos y huesos. Cabe destacar que esto se puede lograr

de diversas maneras, desde la inactividad hasta la actividad intensa.

- **Para recompensarnos por nuestros logros.** Como vimos en el capítulo 19, las recompensas son un medio para motivar e incentivar, para establecer conexiones positivas en el cerebro entre la respuesta y la recompensa, y para afianzar prácticas sólidas en hábitos ya establecidos.

Las actividades que elijamos hacer (ver más abajo) caen en una o más de estas categorías y debemos elegirlas según el(los) propósito(s) al cual(a los cuales) sirve(n).

Muchas personas también utilizan los descansos con fines productivos, no centrales, como hacer tareas administrativas, aprender cosas nuevas o para avanzar en sus carreras. Aunque estas son, por supuesto, búsquedas loables, en mi opinión son *tareas* y, como tales, deben recibir el tratamiento estándar de timeboxing.

¿QUÉ HACER DURANTE LOS DESCANSOS?

¡Hay muchísimas posibilidades! Sin embargo, la mayoría no reflexiona de manera activa sobre el amplio abanico de opciones que tenemos a disposición. Corrijamos eso con una selección de algunas de las prácticas más comunes para descansar, cada una clasificada según uno de los tres propósitos descritos anteriormente:

Actividad	Para nuestra mente	Para nuestro cuerpo	Para recompensarnos
Meditar	✓		✓
Echar una siesta corta	✓	✓	✓
Cerrar los ojos un instante	✓		
Hacer un ejercicio de respiración	✓	✓	✓
Alejarse de las pantallas	✓	✓	
Salir a caminar un poco[68]	✓	✓	✓
Comer un bocadillo		✓	✓
Beber algo	✓	✓	✓
Mirar por la ventana (si es posible, hacia la naturaleza)	✓	✓	✓
Hacer ejercicio intenso, como correr a un ritmo rápido		✓	
Hacer ejercicio de baja intensidad, como Yin Yoga	✓	✓	✓
Conversar con un colega	✓		✓
Reconectar con alguien	✓		✓
Revisar los mensajes			✓
Leer un libro	✓		✓
Ordenar el escritorio	✓		✓
Prepararse mentalmente para una reunión importante que se avecina[69]	✓		
Salir a la naturaleza	✓	✓	✓
Soñar despierto	✓		

Estirar	✓	✓	✓
Llamar a un familiar	✓		✓
Disfrutar de la lectura de un artículo que tenías ganas de leer	✓		✓
Expresar tu gratitud hacia alguien	✓		✓
Escribir en un diario	✓		✓
Garabatear	✓		✓
Rezar	✓		✓
Ir al baño		✓	

Cualquiera de las opciones mencionadas puede y debe adaptarse a tu contexto. Por ejemplo, el tipo de alimento o bebida adecuado para ingerir variará según cada persona; sin embargo, veamos qué dice la ciencia: por ejemplo, hay una diferencia en cómo las bebidas que contienen proteínas, carbohidratos y grasas afectan al rendimiento cognitivo.[70] Algunos libros pueden servirte para descansar o como recompensa, mientras que otros pueden tener el efecto contrario. Lo mismo se aplica a los colegas y los familiares. Entonces, según cada situación, selecciona la actividad de descanso más apropiada entre la amplia variedad de opciones disponibles.

El propósito de la lista anterior es ser inclusiva y sin prejuicios. También busca inspirar tu propio pensamiento en lugar de suplantarlo. Solo tú, sobre todo en tus momentos de mayor lucidez, sabrás cuál de estas opciones o qué otras te funcionarán mejor. Para entenderlo mejor, deberás prestar más atención. Observa cuáles de las actividades para hacer durante el descanso te ayudan más de acuerdo a cada situación, ajústalas y luego repite.

Por último, ten presente que uno de los beneficios indirectos de la distracción mental podría ser resolver un problema con el que has estado lidiando. A veces, la mente dispersa encuentra un camino que la mente centrada no puede. David Ogilvy lo expresa de manera agradable (y atractiva): «Llena tu mente con información, luego deja que el pensamiento fluya fuera del proceso racional. Puedes facilitar este proceso dando un largo paseo, disfrutando de un baño caliente o tomando media pinta de clarete».

¿DURANTE CUÁNTO TIEMPO?

La mayoría de los consejos sugieren tomar un breve descanso cada cuarenta y cinco a sesenta minutos. Algunos datos, ampliamente compartidos en línea, sugieren de manera específica que la fórmula de trabajar durante cincuenta y dos[71] minutos seguidos de un descanso de diecisiete minutos es el *modus operandi* de personas muy productivas. Existen estudios menos citados pero con más fundamentos que indican que dedicar diez minutos a hacer ejercicio aeróbico[72] puede tener beneficios cognitivos, y que distraerse por un período breve de tiempo[73] puede ser crucial a la hora de mantener la concentración.

Pero, una vez más, la única verdad que importa realmente es la que sea válida para ti. Debes experimentar y descubrir qué te funciona mejor. Al igual que no tomar descansos puede dar como resultado un deterioro en el rendimiento, también está el riesgo de tomar demasiados descansos durante un tiempo prolongado. Todos necesitamos encontrar el equilibrio. Para lograrlo, deberás prestar más atención. ¿Cuán cortos son los descansos que hacen que *no te sientas* del todo descansado? ¿Y cuánto deben durar para que sospeches que fueron demasiado largos? No te limites a elegir las actividades que te atraen al principio de tus descansos; considera también aquellas que te hacen sentir mejor al final de estas pausas.

En mi caso, suelo tomar descansos de cinco o diez minutos. Los tomo de cinco dentro de bloques de tiempo de treinta (es decir, veinticinco minutos en la tarea) y de diez dentro de bloques de tiempo de sesenta (es decir, cincuenta minutos en la tarea). Rara vez necesito un descanso después de un timebox de quince minutos. Los ajustes predeterminados de mi calendario están configurados para veinticinco y cincuenta minutos, por lo que establecer timeboxes con los descansos incorporados me resulta eficiente y efectivo.

FUERA DEL HORARIO LABORAL

No solo necesitamos descansar cuando estamos en medio del ajetreo diario; de hecho, pasamos más tiempo y aprovechamos más los descansos fuera de las horas regulares de trabajo, durante el tiempo libre, los días libres y las vacaciones.

De la misma forma que con los descansos intradiarios, deberíamos ser intencionales acerca de cómo pasamos nuestro tiempo libre, los días libres y las vacaciones. Considera qué propósitos te gustaría que cumplieran, sé intencional y ten en cuenta que los tres tipos de «horas fuera del horario laboral» también pueden timeboxearse de manera provechosa. En mi caso, lo hago más o menos con la mitad de mis horas fuera del horario laboral.

⌘ ⌘ ⌘

Los descansos son una parte esencial del timeboxing. Al tomar nuestros descansos como corresponde, mejoramos nuestra productividad y sentimos menos estrés. Reflexiona sobre los factores que están en juego y haz que los descansos que haces se conviertan en tu propio respiro intencional, y que sean un impulso de ánimo y energía. Eres el alquimista de tus experiencias, eres responsable de mezclar el esfuerzo, la creatividad, la interactividad y el descanso para crear el elixir que has elegido.

Recapitulemos

- Necesitamos tomar descansos para relajar el cuerpo y la mente, y para recompensarnos por nuestros logros.
- Piensa de manera amplia y proactiva en lo que puedes hacer durante tus descansos; hay muchas opciones.
- Tomar cinco minutos de descanso por cada media hora de enfoque es más o menos la proporción correcta.
- El descanso fuera del trabajo también es importante y debe ser intencional.

Reflexionemos

- ¿Qué actividades enumeradas en la tabla de este capítulo crees (¡estas cosas son difíciles de medir!) que te ayudan a descansar mejor?
- Trata de pensar en dos o tres actividades constructivas adicionales que no se hayan enumerado antes.
- En un día normal, ¿qué te parece más gratificante: descansar el cuerpo o la mente? ¿Cuál de los dos necesita más descanso en este momento?

Para mí, la luz es la señal en la transición. No es estar en la luz, es estar ahí antes de que llegue. Me habilita, en cierto sentido.

—Toni Morrison

22

Dormir mejor

Palabras clave	Dormir; siestas; higiene del sueño; comodidad; ritmo circadiano; rutina de sueño
Cantidad de palabras	1607
Tiempo de lectura	8 minutos

Imagina que tienes una reunión colosal de ocho horas por delante. Es esencial que estés presente durante todo su desarrollo. Tu desempeño en esa reunión influirá de manera considerable en cómo te sentirás al día siguiente y en los que le siguen. Seguro que te prepararías con esmero para una reunión de tan alto calibre, ¿no es así? Bueno, todos nos enfrentamos a una situación así cada noche, y la mayoría apenas se prepara.

Hasta ahora, este libro ha abordado las dieciséis horas aproximadas de vigilia que dividimos entre el trabajo y el ocio. Eso nos deja con ocho horas para dormir. ¿Cómo puede ayudarnos el timeboxing con el tercio restante de nuestra vida diaria?

A continuación, haré varias suposiciones. Daré por sentado, en lugar de argumentar, que el sueño es un factor clave para el estado de ánimo, la salud y la productividad. Supondré que una buena higiene del sueño incluye (pero no se limita a):

- mantener un horario regular de sueño;
- hacer ejercicio por la mañana y no tan tarde;

- el uso prudente de las siestas;
- reducir o evitar alcohol, nicotina, cafeína y otros estimulantes poco antes de dormir;
- gestionar la exposición a la luz, en particular, la luz natural a lo largo del día, la tarde y la noche;
- un entorno tranquilo y cómodo que esté oscuro y a la temperatura adecuada;
- evitar actividades estimulantes antes de dormir, en especial las preocupaciones.

Existe una cantidad cada vez mayor de evidencia científica[74] sobre la higiene del sueño.[75] Entonces, este capítulo se enfocará en cómo el timeboxing puede ayudarnos a mejorar nuestra higiene del sueño y, a su vez, su calidad, el estado de ánimo, la salud y la productividad.

MAÑANA

El camino hacia una buena noche de sueño comienza al despertarnos.

Es crucial recibir algo de luz natural poco después de levantarnos para:

- Regular nuestro ritmo circadiano. Esto nos hace sentir más despiertos y activos cuando más lo necesitamos, y nos ayuda a conciliar el sueño unas dieciséis horas después.
- Subir el ánimo y la energía. La luz natural estimula la producción de serotonina, un neurotransmisor que regula el estado de ánimo y nos ayuda a sentirnos más alerta y enfocados.
- Aumentar los niveles de vitamina D. La exposición al sol es una de las principales formas en que el cuerpo produce esta vitamina (que favorece la salud de los huesos, dientes, músculos y del sistema inmunológico).

- Impulsar la productividad. También se ha demostrado que la luz natural mejora el rendimiento cognitivo, la alerta y la productividad.

Si te despiertas cuando todavía está oscuro, como solía hacer Toni Morrison, disfruta de la tranquilidad de la oscuridad y de su tenue iluminación. Acomódate de manera que sientas los rayos del sol cuando estén disponibles. En caso de no ser posible, utiliza iluminación artificial y compleméntala con luz natural siempre que puedas.

Más tarde, intenta trabajar en un entorno que tenga fácil acceso a la luz natural. De acuerdo a los resultados que demostró un estudio, las personas que se exponían a la luz del sol durante el día dormían cuarenta y seis minutos más que aquellas que trabajaban en entornos donde no entraba la luz del sol.[76]

Haz ejercicio por la mañana (o temprano por la tarde). Las personas que hacen ejercicio durante el día duermen mejor que aquellas que no, pero el ejercicio físico justo antes de acostarse puede tener un efecto negativo en el sueño.

Timeboxea estas prácticas que mejoran el sueño. Asegúrate de que tu primer timebox del día exponga tus retinas a la luz natural. Si la primera tarea del día es timeboxearlo (y sería ideal que así fuera), organízate para hacerlo en un lugar donde haya luz natural. E incluye ese ejercicio matutino (o de las primeras horas de la tarde) para que ocurra justo cuando tu cuerpo más lo necesita.

SIESTA

La siesta comparte muchos de los beneficios de la exposición a la primera luz natural. Si se realiza de manera adecuada, este descanso puede contribuir al estado de ánimo, al estado de alerta y la función cognitiva. Para muchos, la necesidad apremiante que satisface es ayudarnos a superar la disminución de energía que a menudo ocurre en la tarde después de comer.

Existe un marcado interés en las siestas. Aunque las cápsulas para dormir aún no son tan comunes, están ganando popularidad en aquellos entornos laborales que buscan cuidar de su personal (¡y, al mismo tiempo, maximizar su productividad, por supuesto!). Las siestas, *riposinos*, *inemuris* y *wushui* (todas formas de descanso diurno, generalmente tomadas por la tarde) han sido prácticas importantes en diversas culturas a lo largo de los siglos.

Si tienes la posibilidad y el deseo de echarte una siesta, hazlo de la forma correcta: una duración de veinte a treinta minutos es ideal para obtener beneficios sin afectar en exceso al resto de tu día o tu sueño esa noche. Acondiciona tu entorno para que sea propicio para el descanso (ver la siguiente sección). Una meditación de relajación guiada, como el yoga nidra, podría resultarte útil. Si tienes la suerte de incorporar descansos diurnos en tu rutina de manera regular, tómalos más o menos a la misma hora para que tu cuerpo se acostumbre y lo anticipe. En otras palabras, timeboxéalos.

Por último, experimenta y descubre qué te funciona mejor. La duración, el momento, la música, la cafeína, las siestas, los difusores, la autohipnosis, la proyección astral, lo que decidas pensar mientras te adentras en el sueño y muchas otras opciones son todas posibilidades que puedes explorar.

RITUAL NOCTURNO

Establecer una rutina nocturna para prepararte para dormir mejorará la calidad de tu sueño.

Piénsalo al revés. ¿A qué hora te gustaría despertar? Digamos que a las 7 a. m. Entonces, si suponemos que debemos dormir ocho horas, deberías irte a dormir a las 11 p. m. Comienza a prepararte poco a poco un par de horas antes, a las 9 p. m. en este caso.

Esto no implica dedicación exclusiva. Pero sí significa asegurarte de que se cumplan algunas condiciones y abstenerte de ciertas actividades que perjudican un buen sueño.

Volviendo a la lista de factores de higiene del sueño que he mencionado antes, ya hemos hablado de los primeros tres. Reduce o elimina el consumo de alcohol y estimulantes ingeridos. Disminuye la exposición al sonido controlando la elección y el volumen de la música o el entretenimiento. Reduce la exposición a la luz e intenta habitar un entorno más suave y tenue, y comprométete a no exponer tus ojos a la luz azul emitida por las pantallas LED a las que la mayoría de las personas ya está pegada durante gran parte del día (muchos teléfonos móviles y computadoras portátiles ahora tienen configuraciones de luz azul que puedes ajustar y programar). Acondiciona tu entorno de sueño para que sea cómodo, teniendo en cuenta que el cuerpo necesita reducir la temperatura para poder conciliar el sueño; 18-20 grados Celsius (64-68 grados Fahrenheit) es un buen rango para la mayoría. Por último, emprende actividades relajantes:

Sí	No
• Darse una ducha caliente • Recibir un masaje • Meditar • Escribir en un diario • Escuchar música tranquila o un pódcast relajado • Limpiar cualquier desorden con tranquilidad	• Ver una película de terror • Jugar a videojuegos • Comer en exceso • Tener una conversación complicada • Mirar tu bandeja de entrada y caer en una espiral de pensamientos laborales

En términos prácticos, puedes obtener el 90 % de los beneficios mencionados con solo evitar el uso de pantallas durante la última hora o dos antes de dormir. El timeboxing también puede servir para *evitar* realizar ciertas acciones durante un período específico, y esta privación deliberada es un comportamiento crucial para convertirlo en un hábito, algo en lo que el 90 % de las personas falla.[77]

Por último, observa que muchos de los consejos mencionados también son aplicables a las personas que te rodean. Niños, parejas, compañeros de piso y otros también podrían beneficiarse de algunas de estas prácticas. En la medida en que puedas influenciarlos, hazlo. El mal sueño de aquellos que te rodean en tu entorno cercano podría tener un impacto negativo en el tuyo. Además, ser amable es una buena práctica.

⌘ ⌘ ⌘

Un buen sueño contribuye a un mejor estado de ánimo, salud y productividad. Una buena higiene del sueño conlleva un buen descanso. Y timeboxear ciertos comportamientos y actividades conduce a una buena higiene del sueño. Por lo tanto, timeboxea tu rutina de sueño.

Recapitulemos

- Un buen descanso es crucial para mantener un buen estado de ánimo, salud y ser productivos.
- La higiene del sueño implica tomar medidas sensatas para mejorar la calidad del sueño.
- Así que timeboxea prácticas para mejorar la higiene del sueño, como la exposición a la primera luz natural, el ejercicio, siestas restringidas y la preparación para dormir por la noche (reducción de ruido y luz, actividades relajantes, sin pantallas).
- Estas prácticas también pueden beneficiar a quienes te rodean.

Reflexionemos

- Ahora mismo, incorpora en tu calendario para el día de mañana algo de luz natural y ejercicio de manera periódica.
- ¿Cómo está tu higiene del sueño? Registra las prácticas positivas y negativas que sueles realizar. ¿Qué otros comportamientos positivos podrías incorporar? ¿Qué comportamientos negativos podrías eliminar?
- ¿Qué acción podrías llevar a cabo ahora mismo para eliminar una práctica negativa de higiene del sueño?
- A modo de preparación para el próximo capítulo y con el objetivo de motivarte a considerar la amplia variedad de recursos para mejorar el sueño que hay disponibles hoy en día, ¿qué tecnología posees que podría utilizarse para mejorar tu descanso? Apps (monitoreo de sueño, respiración, meditación guiada), dispositivos portátiles para el seguimiento del sueño (anillos, relojes), antifaces con Bluetooth, colchones inteligentes, mantas pesadas y, para los entusiastas, dispositivos de neurorretroalimentación y EEG.

La tecnología es una sirviente útil
pero una maestra peligrosa.

—Christian Lous Lange

23

Herramientas y tecnología

Palabras clave	*Hardware; software;* funciones; digital; analógico; metacognitivo
Cantidad de palabras	1579
Tiempo de lectura	8 minutos

La versión impresa de este capítulo no envejecerá bien. Por lo tanto, mantendré una versión en línea actualizada en www.marczaosanders.com/tech. El avance tecnológico, tanto en general como en relación al timeboxing, es constante. En los últimos años, las nuevas empresas han desarrollado numerosas aplicaciones para facilitar la gestión de calendarios, listas de tareas pendientes y timeboxing. Al mismo tiempo, las compañías tecnológicas más grandes del mundo han lanzado varias funciones con los mismos objetivos.

A pesar de ello, sostengo que la mayoría de las personas no necesitan una gran cantidad de herramientas, tecnología o funciones para obtener los sustanciales beneficios del timeboxing. En mi caso, utilizo un calendario digital y un documento para tomar notas, que también cumple la función de lista de tareas.

Sin embargo, dado que cada persona es única, a ti te pueden resultar útiles determinadas herramientas digitales, físicas o mentales. Te animo a que reflexiones sobre el propósito que les darías a estas herramientas y por qué las necesitas. ¿Las utilizas para medir el tiempo, recordar, organizar, compartir, sincronizar, o para alguna otra cosa? ¿Estás seguro de que no puedes lograrlo con éxito con lo esencial?

DIGITALES

Reloj

Por supuesto, es fundamental llevar un control del tiempo. Si estás trabajando en una computadora, como hacemos muchos durante la mayor parte del día laboral, tendrás la hora a la vista todo el tiempo (por lo general en la esquina inferior o superior derecha de tu pantalla). Esta forma resulta mucho más efectiva para controlar el tiempo que un *smartphone*, que suele implicar una gran cantidad de distracciones innecesarias. Un dispositivo portátil, como un reloj de pulsera, también cumple con este propósito, aunque es probable que ya tengas uno. En líneas generales, debes tener precaución con cualquier interfaz que también actúe como un portal hacia decenas de mundos en los que no necesitas estar.

Aplicaciones

En los últimos años, se ha invertido mucho en aplicaciones de productividad, gestión del tiempo e incluso en algunas específicas de timeboxing. Si buscas en Internet «app de timeboxing», encontrarás muchas opciones. Sin duda, esto respalda la idea que se argumenta en este libro acerca de que hay una demanda de tener un mayor control e intencionalidad en nuestras vidas. Sin embargo, ¿una aplicación constituye una forma efectiva de lograr esto? Una de las principales ventajas de usar una en lugar de gestionar de forma activa tu propio calendario digital es que, si hay cambios en el horario, la aplicación puede reorganizar de manera automática el calendario. Sí, los horarios pueden cambiar. Pero en más de una década usando este método, nunca he considerado que la reorganización manual de mi día fuera un problema, ni para mí ni para nadie más. En realidad, el hecho de prestar atención y decidir yo mismo cómo ajustar mis citas, a la luz de algún cambio, me ayuda a procesar qué son y en qué momento deberían tener lugar dentro de mi propio contexto; delegar esta autoridad a la automatización impulsada por una inteligencia artificial disminuiría mi conciencia, mi voluntad y mi rendimiento. También hay una gran cantidad de nuevas aplicaciones de tareas pendientes y calendarios con diversas funciones superpuestas, que podrían estar expuestas a la misma crítica. De todas formas, recomiendo que pruebes algunas. En el peor de los casos, desinstalarás la aplicación en unos pocos días. En el mejor de los casos, contarás con una herramienta que convierte el timeboxing en una realidad consistente. O quizá, entre los mejores y peores escenarios, aprenderás algún truco sobre el timeboxing que no se te había ocurrido (o a mí).

Funciones dentro de los calendarios digitales

Microsoft To Do, una aplicación de gestión de tareas, aborda la mayoría de las funciones del timeboxing. Además, Microsoft ha facilitado la tarea de arrastrar un correo electrónico al ícono del calendario para crear un timebox específico para él, incluyendo el texto del correo electrónico. Tiempo en concentración de Google tiene como objetivo ayudar a los usuarios a evitar distracciones. En el último año, Google también ha lanzado Estadísticas de tiempo, que ofrece un análisis sobre cómo los usuarios emplean su tiempo. En mi caso, tal como mencioné en el capítulo 11, dentro de estas funciones solo utilizo la última para supervisar y gestionar cómo uso el tiempo en las diversas áreas de mi vida. Investiga estas y otras funciones similares. Dado que lo más seguro es que ya utilices un calendario digital, no supondrá un problema adicional ni costos significativos aprovechar una nueva función nativa.

Grandes modelos de lenguaje (LLMS)

ChatGPT es, hasta la fecha de escribir esto, la aplicación orientada al consumidor que ha tenido el crecimiento más rápido de todos los tiempos. Aunque este y otros LLM no están diseñados de manera específica para el timeboxing, tienen una aplicación particular. Uno de los temas fundamentales de este libro es que nuestro rendimiento en una tarea suele mejorar de forma significativa cuando hemos tenido tiempo para prepararnos, lo cual permite que nuestro cerebro se disponga para tal tarea. Sugiero dedicar timeboxes específicos para prepararse para reuniones y así activar los procesos cognitivos que nos ayudan a completar la tarea de manera efectiva. Para muchas tareas, los LLM pueden acelerar ese proceso cognitivo al generar ideas, resumir texto relevante, encontrar materiales de referencia y combinar conceptos. Podrías usar esa herramienta en uno preparatorio o durante el propio timebox para ayudarte a empezar a pensar sobre un tema determinado. En este contexto y con este propósito, su contribución a la humanidad es clara, pura y segura. Dejaré el debate sobre amenazas existenciales y otras posibilidades abominables a otros.

FÍSICAS

Aunque no es necesario contar con herramientas físicas, quizá quieras incorporar algunas.

Los calendarios, cuadernos y listas de tareas pendientes se presentan tanto en formato impreso como digital. Muchas personas sienten una satisfacción especial al ver, tocar, sentir e incluso oler un objeto en el mundo real. Sin embargo, para otras personas, los beneficios de tener un respaldo en la nube, sincronizar dispositivos y poder compartir con otras personas superan con creces a los métodos anticuados y analógicos. Yo me inclino sobre todo hacia este último grupo, al menos en lo que respecta a lo que se necesita para el timeboxing.

Sin embargo, incluso aquellos que abogan siempre por lo digital deberían considerar cómo el mundo físico puede contribuir en lugar de obstaculizar su rutina de timeboxing. Es fundamental que los objetos que nos rodean nos ayuden a mantener el enfoque en el timebox en el que nos encontramos. Estos objetos físicos pueden ser bastante simples, pero aun así son tecnología.[78] Por ejemplo, un reloj de arena podría ser un medio efectivo tanto para llevar un registro del tiempo restante para una tarea como para recordarnos que estamos en un timebox y que debemos regresar a él si nos distraemos. En mi caso, tengo un preciado reloj de arena que he utilizado desde los treinta años. Una nota adhesiva con un mantra como «Volver al calendario» también podría cumplir con este último propósito. También existen temporizadores en forma de cubo (que de hecho son tanto digitales como físicos), a menudo con unidades de quince, veinte, treinta y sesenta minutos (observa que coinciden a la perfección con los tamaños estándar de timebox que propuse en el capítulo 12), que podrían resultar atractivos para algunas personas.

MENTALES

Las habilidades metacognitivas son herramientas esenciales para el timeboxing. Aunque la tecnología digital y las herramientas físicas pueden y deben emplearse para reducir distracciones, mantener el enfoque y escapar de las madrigueras de conejo, no podemos eludir nuestra propia mente. Los pensamientos intrusivos surgirán, sin importar cuántas barreras digitales o físicas pongamos. Nuestra única alternativa es perfeccionar la capacidad de notar cuándo ocurre esto y regresar al calendario y, más en concreto, al timebox en el que nos encontramos, como se destaca en el capítulo 18.

Es crucial recordar que podemos desarrollar nuestra propia noción del tiempo. Todos tenemos nuestro ritmo circadiano y un reloj interno. Podemos perfeccionar la noción del tiempo que dedicamos a una tarea timeboxeada y, con práctica, reducir la necesidad de mirar todo el tiempo el reloj (lo cual constituye una distracción en sí misma). El timeboxing mejora la forma en que gestionamos el tiempo y viceversa.

⌘ ⌘ ⌘

Sacarás más provecho del timeboxing con los elementos esenciales descritos en los otros capítulos de este libro. Sin embargo, sumar algunos elementos opcionales podría tener un efecto positivo a la hora de disfrutar de ello. Por lo tanto, considéralos como es debido, teniendo en cuenta que podrían provenir del ámbito digital, físico o mental, y ten claro con qué propósito te servirán. Después de todo, queremos que funcione, ¿verdad?

Elegir cómo invertir nuestro tiempo en la Tierra, la única experiencia consciente que podemos tener, es fundamental para todos. El timeboxing es una excelente manera y, en mi opinión, la mejor para lograrlo. Así que, hazlo a diario, hazlo bien y hazlo a tu modo.

Recapitulemos

- Existen muchas herramientas y funciones que se pueden utilizar para hacer timeboxing.
- No es necesario ningún tipo de tecnología para tener éxito en el timeboxing.
- Sin embargo, algunas de ellas podrían mejorar tu experiencia.
- Reflexiona sobre qué herramientas podrían ayudarte y con qué propósito lo harían.

Reflexionemos

- ¿En qué herramientas y tecnologías se basa tu sistema de productividad personal? Enuméralas y examínalas. ¿Cómo podrías mejorar ese sistema?

- Descarga una aplicación de timeboxing ahora y pruébala durante una semana.
- He mencionado que el timeboxing es tanto una mentalidad como un método. ¿Cómo describirías el elemento relacionado con la mentalidad? ¿Y el método?

*Ahora he cumplido mi tarea con éxito:
puedo volar o puedo correr.*

—John Milton

24
Está funcionando

Palabras clave	Cambio de comportamiento; beneficios; críticas; adoptar; adaptar; incorporar; apropiarse; personalizar
Cantidad de palabras	2191
Tiempo de lectura	11 minutos

La cuestión no es si el timeboxing funciona o no, porque ya sabemos que sí (ver el *Capítulo 2 – Funciona*). La cuestión es si te está funcionando *a ti*. Si has seguido el proceso de aprender haciendo a lo largo de este viaje, debería estar surtiendo efecto. Pero intentemos asegurarnos aún más. Entonces, ¿qué significa que el timeboxing te esté funcionando? Significa que estás:

- incorporándolo de manera habitual;
- reflexionando con claridad sobre lo que deberías hacer;
- cumpliendo con esas tareas cuando dices que lo harás;
- experimentando algunos de sus muchos beneficios;
- adoptando la mentalidad y el método.

Si todo esto está ocurriendo, estoy seguro de que te sentirás satisfecho con el método y querrás continuar. Pero si hay aunque sea una brecha, es posible que te estés perdiendo algo. Algunas de las preguntas planteadas en este capítulo te ayudarán a identificar y solucionar cualquier problema que puedas tener.

Pero, primero, ajustemos nuestras expectativas.

No esperes que el timeboxing funcione 24/7

Yo no aplico el timeboxing a todos los aspectos de mi vida. Existen muchos contextos en los que resulta impráctico e incluso molesto. Al detectar cuándo y en qué situaciones se dan estos contextos, sabremos en qué momentos *no* aplicarlo y, de esa forma, eludiremos un fracaso innecesario e inevitable.

Algunos períodos en el trabajo y la vida doméstica son impredecibles por naturaleza. Por ejemplo, cuando te diriges a un evento lleno de posibilidades fortuitas, como un festival, una fiesta, una conferencia o una barbacoa, muchas cosas pueden suceder, pero resulta imposible prever o controlar cuándo, dónde y con quién. También puede ocurrir que estés a punto de ser atacado por tus hijos, repletos de una energía y un entusiasmo inagotables. O bien, estás llevando a cabo una renovación en casa y te enfrentas a un día lleno de entregas y preguntas de los proveedores y trabajadores. Para este tipo de situaciones, lo más probable es que no sea productivo aplicar el timeboxing con algún nivel de detalle intradiario.

El trabajo que es sustancialmente predecible y estructurado puede no ser tan adecuado para el timeboxing. En muchos empleos, como el de los trabajadores de fábricas, cajeros, empleados de servicios de alimentos y guardias de seguridad, las oportunidades para establecer prioridades durante la jornada laboral suelen ser limitadas. Por lo tanto, para las personas que ocupan esos roles, podría tener poca utilidad durante las horas laborales. Sin embargo, fuera del trabajo, el ocio y el sueño constituyen más o menos dos tercios de la vida, y los beneficios del timeboxing siguen siendo sustanciales.

¿Deseas que tu vida sea más espontánea? A primera vista, el timeboxing no es un método obvio para lograrlo. Además, existen ciertos beneficios en el desorden, como la variedad, la sorpresa, el desafío, la creatividad y la resolución de problemas, entre otros. (Sin embargo, aún podrían existir actividades que se pueden timeboxear y que dan lugar a la *espontaneidad de segundo orden*, como no hacer nada,[79] hacer algo al azar, estar en un lugar, como un bar, galería de arte o sala de baile, donde la espontaneidad prospera, o participar en una actividad, como una clase de improvisación, una conversación con un desconocido en el viaje hacia el trabajo o una clase de escritura creativa, donde florece la espontaneidad).

Por último, no dejes que el timeboxing arruine la fiesta. Los puntos finales delimitados de manera explícita pueden suprimir la sorpresa y acortar la diversión. Cuando sabes desde el principio que te irás del baile justo a medianoche… Entonces no es un baile tan bueno.

¿LO ESTÁS HACIENDO? ¿FUNCIONA?

Estas son dos preguntas distintas, pero importantes. Hacer = comportamiento; funcionar = beneficio. Es importante darse cuenta de que el peor escenario posible sería que *lo estás* llevando a cabo, pero que *no está* generando los beneficios esperados. Estás invirtiendo esfuerzo, pero sin obtener los resultados deseados. Ahora, procedamos a evaluar cómo te estás desempeñando. Contesta las siguientes preguntas con la mayor precisión posible.

¿Lo estás haciendo?

Pregunta	Respuestas posibles (elige una)		
¿Acostumbras a organizar la mayor parte de tu día con anticipación aplicando timeboxing (ya sea en la mañana o la noche anterior)?	Sí		No
¿Acondicionas tu entorno para que esté libre de distracciones y sea propicio para el trabajo?	Sí	A veces	No
¿Llevas una lista de tareas pendientes de manera metódica?	Sí	Más o menos	No
¿Tu lista de tareas pendientes suele nutrir tus timeboxes con regularidad?	Sí	A veces	No
¿Eliges cuándo responder correos electrónicos?	Sí	A veces	No
¿Tus timeboxes tienen sentido cuando llegas a ellos?	Sí	A veces	No
¿Tu objetivo es lograr algo, entregarlo y compartirlo?	Sí	A veces	No
¿Retornas con éxito a tu calendario después de distraerte o caer en las madrigueras de conejo?	Sí	A veces	No
¿Eres bueno estimando la duración de los timeboxes?	Sí	A veces	No
¿Piensas de manera activa en cuándo y cómo tomar descansos?	Sí	A veces	No
¿Mantienes una rutina de sueño?	Sí	A veces	No

¿Funciona?

Pregunta	Respuestas posibles (elige una)		
¿Asocias el timeboxing con algún beneficio particular y significativo en tu vida?	Sí		No
¿Te resulta útil llevar un registro histórico de tus timeboxes?	Sí		No
¿Sientes menos estrés al adoptar un enfoque como el de timeboxing, de hacer una cosa a la vez?	Sí	Más o menos	No
¿Sientes que piensas con más claridad, profundidad o eficacia?	Sí	A veces	No
¿Tus colegas se han beneficiado al poder consultar tu agenda?	Sí	A veces	No
¿Te has beneficiado de poder consultar la de ellos?	Sí	A veces	No
¿Estás logrando hacer más cosas?	Sí	A veces	No
¿Ha mejorado la calidad de tu sueño?	Sí	A veces	No
¿Has empleado esta práctica para ajustar, de alguna manera, el rumbo de tu vida?	Sí		No
¿Has identificado los segmentos más importantes de tu vida?	Sí		No
¿Ahora tienes una idea más clara del tiempo que dedicas a cada uno de ellos?	Sí	Más o menos	No
¿Con qué frecuencia no logras cumplir con un timebox programado?	Rara vez	A veces	Con frecuencia
¿Crees que el timeboxing funciona?	Sí	Un poco	No

Entre las dos tablas, si tienes alrededor de doce respuestas en la columna de la izquierda, vas por buen camino.

Hay un truco para saber si está funcionando. Es probable que ya hayas utilizado el timeboxing para hacer algo extraordinariamente especial: reconectar con un viejo amigo, perfeccionar una habilidad, sumergirte de lleno a la hora de jugar con tu hijo/a o volver a pasar tiempo de forma regular con tu pareja. Si es así, no me necesitas a mí ni tampoco un cuestionario para saber que está funcionando. Si es así, conocerás el verdadero poder de la práctica.

POSIBLES OBSTÁCULOS

Pronto (es probable que en menos de diez minutos), terminarás de leer este libro. La vida volverá a inundarte. Volverás a tus ocupaciones. No todos los que lo intentan continúan.

Entonces, antes de despedirnos, anticipemos los obstáculos más comunes. He recopilado y priorizado lo siguiente a partir de mi experiencia, en conversaciones con otros seguidores y detractores del timeboxing, así como en foros en línea.

De repente aparecen tareas urgentes que desorganizan mis timeboxes.

Hay algunos trabajos que están todo el tiempo a merced de eventos fortuitos. Si trabajas como enfermero o médico en una sala de urgencias, cualquier plan premeditado se descartaría y, por lo tanto, el timeboxing no funcionaría. No es recomendable para los trabajadores de emergencias (al menos no durante su vida laboral). Y aunque la mayoría de las personas no opera en un entorno tan extremo e impredecible, muchos tenemos episodios intermitentes de alta urgencia: una llamada importante de un cliente, surge una oportunidad de prensa, un jefe hace una demanda inesperada. Pero tales eventualidades no invalidan ni menoscaban el timeboxing. En primer lugar, estos períodos de incertidumbre son, para la mayoría de nosotros, la excepción más que la regla. En segundo lugar, cuando es probable que haya solicitudes urgentes, nuestra respuesta debería ser timeboxear la revisión y el procesamiento de mensajes con *más frecuencia* (cada dos horas, por ejemplo), en lugar de no hacerlo en absoluto. En tercer lugar, las prioridades cambian, los timeboxes no están grabados en piedra y todos podemos, debemos y haremos ajustes de vez en cuando (ver el *Capítulo 13 – Ordenar los timeboxes*).

Te sientes abrumado por la planificación, sientes que estás perdiendo el tiempo y que no estás haciendo la tarea en cuestión.

Una vez que adquieras un poco de práctica, solo necesitarás quince minutos para timeboxear todo un día de tareas. Quince minutos para facilitar las siguientes quince horas es una ganga (ver el *Capítulo 9 – Los fundamentos básicos*).

No lo llevas a cabo. Has configurado los timeboxes, los has incorporado a tu calendario, pero simplemente no los estás completando.

Asegúrate de seleccionar el tipo correcto de tarea según tu estado mental. Entiende que solo estás exigiéndote una cosa. Comienza con el acto más pequeño para ponerte en movimiento en la dirección correcta. Y revisa el *Capítulo 18 – Madrigueras de conejo y otras distracciones* y el *Capítulo 19 – Construir el hábito*.

No terminas a tiempo.

En primer lugar, ten la certeza de que la evidencia científica y de otras fuentes sugiere que esto debería funcionar (*Capítulo 2 – Funciona*). ¿Estás haciendo una estimación realista del tiempo necesario para tus tareas? (*Capítulo 12 – Dimensionar el tamaño*). ¿Te estás apresurando en la ejecución de tus timeboxes? (*Capítulo 16 – Avanzar con ritmo y velocidad*). ¿Tienes una noción clara y práctica de lo que significa «lo bastante bueno»? (*Capítulo 17 – Entregar algo*). Con experiencia y constancia, puedes agudizar todos estos aspectos para lograr una armonía productiva y cumplir tus plazos de manera consistente.

UNA GRAN IDEA

Identifica una idea clave del timeboxing en la que creas de verdad; de esta manera, es mucho más probable que el método y la mentalidad se arraiguen. Tal vez ya hayas seleccionado alguno de estos conceptos y lo hayas interiorizado. Si aún no lo has hecho, ten en cuenta lo siguiente:

- **Autonomía.** El timeboxing implica identificar las pocas cosas sobre las que queremos tener influencia dentro del universo de aspectos que no podemos controlar y limitarnos a influir sobre esas áreas. La realidad es que no tenemos control sobre los resultados y los desenlaces. Solo podemos decidir qué acciones llevar a cabo y cuándo hacerlo. Esto resulta tanto gratificante como empoderador.
- **Poder superior.** Tanto si profesamos alguna religión como si no, hay momentos en los que muchos deseamos tener acceso a un poder superior que nos dé tranquilidad. El timeboxing nos da justo eso; el poder superior somos nosotros mismos, en un momento anterior y más centrado.
- **Metahábito.** El timeboxing es el hábito que puede gobernarlos a todos, un valioso metahábito que puede incorporar tantos otros hábitos valiosos como puedas encajar en un calendario.

- **100 % más productivo.** En el *Capítulo 7 – Para aumentar la productividad*, vimos numerosas pruebas que respaldan el hecho de que el método duplica nuestra productividad.

⌘ ⌘ ⌘

Adoptar y adaptar un nuevo comportamiento no sucede de la noche a la mañana. Voy por mi segunda década haciendo timeboxing y sigo perfeccionando la habilidad. Hoy en día, timeboxeo más actividades que al principio porque el método me ha funcionado a la perfección (por cierto, mi puntuación es de veintiuno en la tabla anterior).

Esto es un libro. Contiene investigaciones y prácticas novedosas en relación al timeboxing, por lo menos al momento de su publicación. Pero, como en cualquier disciplina, con el tiempo surgirán nuevas ideas, tácticas y herramientas. Regístrate en el boletín (llamado *One thing at a time*, «Una cosa a la vez») en www.marczaosanders.com/newsletter para recibirlo cada semanal en tu bandeja de entrada. Estos recordatorios abordarán algunos de los puntos más relevantes de este libro y te ayudarán a corregir el rumbo, si fuera necesario. También será una forma de estar en contacto conmigo y con otras personas que practican este método.

Para mí, la elección de qué hacer con nuestro tiempo lo es todo. El timeboxing es el mejor método que he encontrado o puedo concebir para ayudarnos a aprovechar al máximo este privilegio y elegir una vida que valoremos.

Recapitulemos

- Hay determinadas situaciones en las que el timeboxing no funcionará, por lo que es crucial saber cuáles son.
- Intenta pensar con qué frecuencia lo estás aplicando y en los beneficios que te está brindando.

- Prepárate para los obstáculos que encontrarás al adoptar este nuevo hábito.
- Existen algunas ideas fundamentales asociadas con la práctica del timeboxing; he destacado cuatro, pero también podrías tener las tuyas.

Reflexionemos

- Responde a todas las preguntas de las dos tablas de este capítulo.
- Programa un correo electrónico (hoy en día la mayoría de los servicios de correo electrónico ofrecen esta función) a tu futuro yo para dentro de tres meses, con el fin de responder de nuevo a las mismas preguntas. Mantén un registro de cómo las respondes ahora (incluye «X elementos en la columna de la izquierda» en el mensaje que envíes), para que puedas comparar y medir tu progreso.
- ¿Cuál de las ideas clave del timeboxing presentadas en este capítulo te parece más relevante? ¿O acaso hay alguna otra idea que tenga un significado aún más profundo para ti?

Epílogo

LA INTELIGENCIA ARTIFICIAL (IA) Y LA ESCRITURA

Justo antes de firmar el contrato del libro (febrero de 2023), la inteligencia artificial ya estaba cautivando la atención del público general. Esta nueva generación de IA, representada por los grandes modelos de lenguaje (LLMS), al parecer tenía la capacidad de escribir y razonar. Específicamente, ChatGPT se convirtió en la aplicación orientada al consumidor que llegó a los cien millones de usuarios más rápido.[80] De repente, emergió una nueva inteligencia en escena, al parecer más astuta que nosotros en diversos aspectos. La supremacía humana en el planeta, basada casi por completo en nuestra inteligencia, se veía amenazada. ¿Cómo se desenvolvería esta situación?

Algunos expertos anticipan que el auge de los LLM marca el inicio del declive para la escritura y la industria editorial. Sin duda, esta nueva tecnología puede lograr hazañas asombrosas. Puede amalgamar contenido coherente sobre casi cualquier tema en un instante, una habilidad que supera incluso a nuestros escritores mortales más aclamados. Por lo tanto, sería lógico inferir que la IA ha igualado o superado la escritura humana, o que lo hará pronto.

Sin embargo, considero que esta inferencia, aunque lógica, es equivocada. La velocidad, el conocimiento enciclopédico, la prolificidad y la disponibilidad las veinticuatro horas los siete días de la semana, junto con la coherencia superficial, ofrecen muchas ventajas increíbles. Sin embargo, aún no constituyen un reemplazo para la reflexión profunda, la asimilación contextual amplia, la comprensión emocional compleja y la pura genialidad que los seres humanos, en sus mejores momentos, son capaces de alcanzar. Quedamos boquiabiertos al ver cómo la IA articula oraciones y párrafos perfectos en un instante, pero al extender esta experiencia a lo largo de varias páginas, nuestra boca se empieza a cerrar poco a poco, la atención se dispersa y recuperamos el aliento.

Por ahora, al menos mientras escribo esto en el otoño de 2023, la capacidad humana prevalece sobre la de las máquinas en lo que respecta al pensamiento y a la escritura original y creativa.

HACER TIMEBOXING PARA ESCRIBIR

Configuré timeboxes para cada etapa de la creación de este libro. En mi calendario digital quedó registrado el tiempo destinado a la propuesta inicial, los borradores, las ediciones, las reuniones, las historias del mundo real, los epígrafes, los permisos, las ilustraciones, los agradecimientos, este epílogo y mucho más.

Más específicamente, el método fue el siguiente: tenía que escribir veinticuatro capítulos en veinticuatro semanas, más o menos un capítulo de mil ochocientas palabras por semana. Tenía un documento editable en tiempo real en el que plasmaba el plan para cada uno de esos capítulos y añadía ideas a la sección correspondiente cada vez que surgían. Los lunes por la noche, después del trabajo, revisaba el plan y mis notas, y dedicaba exactamente sesenta minutos a concebir nuevos enfoques, referencias y líneas de investigación. Luego, le daba a mi subconsciente tres noches de sueño y el jueves por la noche invertía otra hora en elaborar un plan detallado para el capítulo mediante puntos estructurados. Después de otras dos noches de sueño, en las mañanas de los sábados, ya estaba listo para redactar las tres o cuatro secciones del capítulo. Cada una en ráfagas timeboxeadas de quince o treinta minutos, que, junto con mis propias revisiones y ediciones, daban un total de tres o cuatro horas. Más tarde, a media mañana, salía a correr, momento en el cual solían surgir un par de ideas adicionales que incorporaba en una última edición de treinta minutos. Así concluía otro borrador de un capítulo. La lección más importante es que nunca me senté a escribir un capítulo sin tener una preparación previa.

A medida que adquiría ritmo y me tomaba tiempo libre del trabajo, podía redactar dos o tres capítulos en una sola semana. Al final, el primer borrador del libro, compuesto por cuarenta y cinco mil palabras, requirió cuatro intensos meses. El hecho de terminarlo varios meses antes fue bien recibido por los editores, lo cual constituyó una gratificante confirmación del éxito del timeboxing.

Así que ahora tienes entre tus manos (o en tus oídos, si estás escuchando el audiolibro) la prueba de que el timeboxing me funciona. Sin embargo, la prueba definitiva de su eficacia radica en lo que *tú* hagas con esta práctica y cuándo decidas implementarla.

ATEMPORAL

A excepción del *Capítulo 23 – Herramientas y tecnología*, el resto del contenido de este libro debería mantener su vigencia con el paso del tiempo.

Hace poco descubrí, después de haber terminado de escribir el libro, que la palabra «tiempo» es el sustantivo más utilizado en inglés. Esta tendencia existe desde el 2006,[81] por lo menos, y representa un tema central en poesía, cine, canciones, blogs, libros y mucho más. Mencionamos y leemos este término más o menos una vez cada quinientas palabras, es decir, cada dos páginas. En este libro en particular, el uso de la palabra supera un poco esa frecuencia.

La lógica del timeboxing es sólida. Tomar decisiones sobre qué es importante, cuándo debe llevarse a cabo (y nada más) es difícil de cuestionar. Este desafío y privilegio persistirán. En realidad, es todo lo que tenemos. Y es más que suficiente.

Considero que el tiempo y el timeboxing son conceptos que merece la pena conservar.

Agradecimientos

Este libro refleja aspectos que considero fundamentales en mi vida: la amabilidad, el pensamiento reflexivo, la apertura, la ligereza, la comunicación y la capacidad de actuar. Así que las influencias en esta obra son un reflejo de las que hay en mi vida, y son innumerables. Expresaré mi gratitud de manera más específica hacia aquellos que contribuyeron de forma directa a la escritura de *Timeboxing*. Mencionaré los agradecimientos en orden cronológico.

En primer lugar, agradezco a Helen Zao, mi madre, no solo por darme la vida, sino, más aún, por todo lo que vino después. Eso incluye, entre otras cosas, enseñarme a escribir, mostrarme lo que es escribir bien, inspirarme a pensar de manera diferente al hacerlo ella misma, compartir té de jengibre y charlas, brindarme una hermana maravillosa y mantener una amistad de toda la vida. Además, agradezco en especial su incansable labor de edición en este libro.

A mi hermana, Sibyl, le doy las gracias por aceptar mi primera lección sobre el tiempo y por brindarme su amor inquebrantable, apoyo, consejos y momentos divertidos 👍.

Al Sr. Dorian, un profesor inolvidable que me ayudó a ver el lenguaje y la literatura, desde Shakespeare hasta Tennessee Williams e Ian McEwan, con mayor claridad. Es imposible cuantificar el bien que puede hacer un buen profesor.

Me considero afortunado de tener amigos que aportaron ideas y experiencias que han contribuido de forma directa e indirecta a este libro. A Rich y Rob, por las mejores excursiones, discusiones y meditaciones. A Fosterman, por el nido en el que nació la Parte

Dos. A Jimbo, por pagar por adelantado, en definitiva, un concepto del timeboxing. A Jose, por alentarme a pensar, escribir y liderar a audiencias adultas y corporativas, y también por la idea de nuestro poder superior. A Greg, a quien agradezco por el estimulante desafío intelectual que, prácticamente siempre, ha sido bien recibido a lo largo de los años en temas relacionados con IA, aprendizaje y timeboxing. A Albion, por el intercambio de ideas y por infundirme la seguridad de que «sin duda podría escribir un libro». A Stephen, por su simplicidad y su franqueza, que han sido una guía para mí desde que lo escuché. A Peter por su aliento no corporativo. Y a Manto, por lo mismo. A Tamsin, por su originalidad excéntrica y por imbuirme gentilmente de valentía en las redes sociales. A Julie por el ⚓ cuando la necesitaba.

Además, tengo la fortuna de tener amigos con una mano (o más) en el mundo de la escritura. Ed, gracias por liderar el camino, brindarme ayuda material cuando la necesitaba y por los dados. Patrick, te doy las gracias por tu propia exploración literaria, por las aventuras y por Jim (ver más abajo). A Anna, por la valentía y el espíritu (💀) para cruzar géneros. A Jenny, por las tareas navideñas, el chino y su cálida aproximación en primera persona del plural.

Mi familia me ha dado apoyo tanto a mí como al libro todos los días durante casi un año. Luka, gracias por mantener viva la llama de la escritura con tu orgullo en los momentos difíciles. Aya, gracias por las ediciones matutinas y por ayudarme a formular las preguntas correctas. Favian, tu actitud relajada me ayuda a mantener el timeboxing bajo control. A Ksush, por demostrar que la genialidad excéntrica puede ser una opción frente a la puntualidad meticulosa. A Mattia, por su paciencia y los *riposinos*. Olya y Dave, gracias por vuestra sabiduría y apoyo, sobre todo en Costa Rica. A Sam, por 6zero, nuestro proyecto inaugural. Marlowe, por tu «brillante» reseña del libro en el parque. A mi esposa, Lola, por tu espíritu libre e inspirador, tu espontaneidad, tu amor, tus reseñas positivas de los borradores y por aceptar poco a poco la práctica que creo que estoy empezando a vislumbrar.

Quiero expresar mi agradecimiento al equipo de Filtered y a la junta (tanto la actual como la anterior) por proporcionarme el espacio necesario para escribir este libro y por contribuir con muchas de las experiencias que respaldan su contenido. Las interacciones que he tenido con vosotros a lo largo de los años me han servido para refinar gran parte del material que se presenta aquí. Mención especial a mis cofundadores, Vin y Chris, con quienes he compartido mucho y cuyo pensamiento ha influido en el mío de manera significativa. Asimismo, a Toby (quien también está a punto de ser cofundador) por su enfoque zen, la ☕ y por ser, al igual que yo, estudiante y maestro del timeboxing.

Dana, de *Harvard Business Review*, gracias por arriesgarte con un artículo sobre timeboxing hace algunos años y por mantener un trato experto y alegre desde entonces. Es un placer trabajar contigo.

A mi agente literario, Jim Gill de United Agents, gracias por defender mi posición con lealtad, determinación, humor y por obtener resultados. A Amber Garvey, también de United, por ser un pilar durante todo este proceso.

A mis nuevos amigos en Penguin Random House en el Reino Unido. En primer lugar, a Karolina por su iniciativa y tenacidad para buscarme y hacer realidad este libro, además de ser una caja de resonancia de mis ideas, ya sean buenas, malas o extrañas. A Paula por contribuir a que este libro se enfoque más en la vida que en los negocios, como realmente debería ser. A Emma por imprimir una actitud y energía tan positivas a muchas ediciones de último minuto. Y a muchas otras personas en Penguin que ayudaron a construir el libro y llevarlo a muchos, muchos países.

A mis aún más nuevos amigos en St. Martin's Press en los Estados Unidos. El equipo allí es excelente, pero debo mencionar a Tim Bartlett, cuya edición detallada, meticulosa y cuidadosa hizo que el libro fuera sustancialmente mejor (y dos capítulos más corto) de lo que sería de otra manera.

Quiero agradecer a algunos autores consagrados, como Kim Scott, Luke Burgis y Karie Willyerd, que han sido generosos con su valioso tiempo y sus consejos. Voy a esforzarme por seguir vuestro ejemplo siendo amable y útil con los nuevos autores.

Quiero expresar mi agradecimiento especial a BJ Fogg por ser pionero en el ámbito de la formación de hábitos, al motivar a millones de personas a adoptar hábitos pequeños y sencillos. En particular aprecio tu generosa y tranquilizadora reseña de este libro, así como tu orientación a lo largo del capítulo 19. *Mahalo!*

Quisiera agradecer a los timeboxers de todo el mundo que contribuyeron con sus historias. Me acerqué a muchas personas en Internet que habían dicho algo sobre el tema, sin esperar recibir más que un puñado de respuestas. De hecho, recibí muchísimas. Esta parte del trabajo me recordó lo positiva y encantadora que puede ser la conexión humana, incluso entre personas desconocidas en vastas plataformas de redes sociales digitales. Lamento que no todas las historias puedan incluirse aquí, pero quiero que sepáis que el papel que cada uno de vosotros ha desempeñado es más grande de lo que os imagináis.

La última persona a la que le doy las gracias, en este orden cronológico, eres tú, el lector. Gracias por hacer un esfuerzo para reconsiderar cómo usas tu tiempo. En esa esperanza y aspiración, al menos, compartimos un vínculo.

Una calurosa tarde de verano, dos chicas, Lorina y su hermanita Alice, estaban sentadas en la orilla de un río. Lorina le estaba leyendo a Alice. Alice estaba aburrida porque el libro no tenía dibujos ni diálogos, así que se sumió en un sopor maravilloso y lleno de ensoñaciones. Después de unos minutos, despertó con hambre y se apresuró a ir a casa para tomar el té. Sin embargo, Lorina optó por quedarse fuera y deleitarse con el zumbido veraniego proveniente del murmullo del agua y de los insectos. Caminó sin rumbo desde la orilla y descubrió un sendero empedrado, bañado por el sol, que la condujo a un jardín y una casa desconocidos. No había nadie a la vista. En el pasillo, un reloj de arena mostraba que faltaban veinticuatro horas. Al mirarlo de nuevo, ahora indicaba trece. Algo no estaba bien. Su corazón latía con fuerza. Salió apresurada, sin estar segura de hacia dónde iba. Siguió las largas sombras del bosque, caminó entre la hierba alta y las luciérnagas titilantes. Tropezó con la raíz de un árbol y cayó por un agujero muy profundo.

En el fondo, todo estaba completamente oscuro. Sus manos sintieron una superficie áspera y terrosa arriba, abajo y a cada lado. Era un túnel, pero de alguna manera, estaba *torcido*. Se puso de pie e intentó avanzar, pero sus piernas no respondían como ella deseaba. Muchas vueltas. Arriba, arriba, abajo, abajo, izquierda, derecha, izquierda, derecha, atrás, inicio, detente. Se quedó sin aliento y estaba mareada. De repente, de reojo, vislumbró movimiento: un pequeño animal. ¿Un pato? ¿Un conejo? Lo persiguió y, de pronto, la superficie que la aprisionaba se abrió, y reveló una vasta caverna subterránea: un hipódromo con una pista de carreras. Una multitud de espectadores fantásticos animaba a los corredores: un conejo (¿o es una liebre?), una tortuga y un guerrero griego. A pesar de que la tortuga está a la cabeza, resulta ser la más lenta de las tres. Es imposible predecir quién va a ganar. Lorina observa con detenimiento, pero no logra distinguir un momento del siguiente; ni siquiera puede discernir si los momentos están separados o no. Una sensación de estar en el medio de algo la envuelve y la eleva a través de las capas de tierra y roca, transportándola a otro bosque. Este, sin embargo, está sumido en un silencio total, sin vida salvaje, sin viento, pero tan rico como un pastel de ciruelas. Tendida en la hierba, justo a su lado, encuentra un libro rojo. ¡Allí está! *Return to Raceland*, es el mismo libro que le estaba leyendo a su hermana esa tarde. Está abierto en la página 217. Únete o aventúrate en marczaosanders.com/rabbit-hole.

Relatos de Timeboxing alrededor del mundo

Para mí, el principal beneficio del timeboxing es que me ayuda a establecer prioridades realistas y ceñirme a ellas. Una simple lista de tareas pendientes no incluye el tiempo que lleva cada actividad, lo que podría llevarme a intentar abarcar demasiado y luego sentirme mal al respecto. Gracias al timeboxing, tengo la capacidad de visualizar exactamente cuánto tiempo tengo disponible en un día y asignarlo según sea necesario. Si alguna vez hay demasiadas tareas para encajar en un solo día, eso quiere decir que es hora de revaluar mis prioridades.

—**Fatemeh Fakhraie, gerente de marketing en Northwest Community Credit Union, Eugene, Oregón, EE. UU.**

Como profesional independiente que tiene que lidiar con diversos clientes y proyectos, se tornaría muy difícil gestionar mi negocio sin el timeboxing. Tras dejar mi último trabajo de oficina hace más de seis años, no tardé en percatarme de que mi lista de tareas nunca se completaba. Necesitaba hallar una mejor manera de administrar mi tiempo, así que comencé a asignar períodos de tiempo específicos para tareas particulares, sin darme cuenta hasta hace poco de que lo que estaba haciendo tenía un nombre. Soy una ferviente partidaria de «trabajar sin distracciones»; es frecuente que apague mi teléfono móvil cuando estoy en modo trabajo. La combinación de eso y el timeboxing no tiene precio.

—Tamsin Isaacs, fundadora de Know Good Social, Barcelona, España.

Cuando trabajaba para una destacada empresa de *software* y estaba a cargo de varias unidades, llevar un registro de lo que ocurría durante una crisis o un incidente resultó verdaderamente útil para recordar los eventos en caso de que me preguntaran o para justificar las decisiones que tomé. Con tantas variables en juego, es casi imposible recordar todo, por eso utilizaba el timeboxing.

—Nadia Gicqueau-Ryan MBA, líder de cambio empresarial, flexibilidad y transformación, París, Francia.

El timeboxing es una práctica simple y efectiva que permite optimizar el rendimiento cognitivo al alinear el estado mental predominante (SoM, por sus siglas en inglés) con las actividades correspondientes. Al asignar períodos de tiempo definidos (timeboxes) a tareas específicas, podemos tomar medidas para emparejar de manera intencionada la tarea con el SoM adecuado, lo cual reduce la fricción y aumenta la facilidad y productividad. Por ejemplo, supongamos que necesitamos generar ideas para una presentación de ventas. Si reconocemos que para realizar esta tarea necesitamos ser creativos, reflexionar, tener una mentalidad abierta y colaborar, entonces debemos prepararnos de otra forma y ser deliberados: debemos recopilar la información relevante, eliminar distracciones, recordar la importancia de tener una mentalidad abierta y escuchar activamente, apartar el pensamiento crítico y asegurarnos de que el estado de ánimo sea positivo. (Aunque resulte provocativo, la conexión entre el estado de ánimo y la creatividad está bien establecida).

Al alinear las actividades con el SoM adecuado, las personas pueden desatar su potencial cognitivo y realizar tareas con mayor precisión, eficacia y satisfacción.

—**Profesor Moshe Bar, neurocientífico cognitivo de renombre internacional y autor de** *Mindwandering: How Your Constant Mental Drift Can Improve Your Mood and Boost Your Creativity*, **Tel Aviv, Israel.**

El timeboxing, cuyo principal beneficio repercute de manera positiva en mi carrera, me permite asignar cualquier tarea de mi interminable lista a mi propio archivo de alta prioridad: mi calendario. Así, puedo relajarme con la certeza de que me estará esperando cuando requiera mi atención.

Por ejemplo, si tengo claro que una tarea no es urgente pero aun así demandará mi atención en algún momento, la programo en mi calendario con la certeza de que la abordaré cuando llegue el momento oportuno. En medio de la vorágine de responsabilidades diarias, el timeboxing me ayuda a mantener la calma.

Pero la práctica no se limita al ámbito laboral. También me da la posibilidad a mí y a mi equipo de incorporar otros eventos importantes de la vida, como el aprendizaje autogestionado, momentos de reflexión, tiempo con mis hijos y familia, el almuerzo, las tareas domésticas (¡sí, hasta las alegrías!) e incluso pasear al perro.

—**Lee Wardman, gerente de BDR EMEA para Horizons, Durham, Reino Unido.**

El timeboxing trata de la acción; por lo tanto, para aquellos que se paralizan frente al temor de no saber cuánto tiempo asignar a una actividad, mi consejo es que simplemente comiencen. Piénsalo como si fuera una prueba contigo mismo y elige una tarea que implique un bajo nivel de riesgo como punto de partida. Luego, tómate un momento para reflexionar sobre la experiencia y comprométete contigo mismo a aprender de ella, utiliza esas lecciones para guiar el próximo período de timeboxing. Este ejercicio implica hacer un compromiso personal en la búsqueda del equilibrio. No dejes que el miedo al perfeccionismo te impida mejorar.

—**Jenna Drapkin, vicepresidenta de Global Client Success, Degreed, Nueva York, EE. UU.**

Como líder de un negocio de yoga/fitness en crecimiento en una de las ciudades más importantes, el timeboxing se ha vuelto imprescindible para organizar con eficiencia nuestras clases en distintos estudios. Este enfoque no solo nos sirve a nosotros a la hora de coordinar las clases y garantizar una formación constante de instructores. Muchos de nuestros clientes de yoga han compartido que incorporarlo, en especial para programar sesiones de yoga temprano por la mañana, ha mejorado de manera significativa sus niveles de energía y concentración a lo largo del día, ya sea en casa o en el trabajo.

La armonía y el éxito que disfruto en mi vida profesional y personal están profundamente conectados con los beneficios del timeboxing.

—**Bada Ding, 丁蔚雯 propietario de Soft Yoga Studios, Jinjiang, Chengdu, China.**

Establece plazos para las cosas importantes. Cuando te embarcas en un proyecto relacionado con el desarrollo empresarial que, aunque es importante, no tiene urgencia, es común que se vaya posponiendo durante semanas e incluso meses. Debes establecer algún tipo de límite temporal para que el proyecto se vea obligado a convertirse en una prioridad en lugar de ser aplazado todo el tiempo. **Desglosa los proyectos.** Las iniciativas grandes que comprenden numerosos pasos a lo largo del tiempo no solo deben contar con una única fecha límite final, sino también con plazos intermedios durante el proceso. Esto ayuda a evitar la procrastinación y permite a todos ajustar sus expectativas si ciertos aspectos toman más tiempo del esperado.

—**Elizabeth Grace Saunders, coach de gestión del tiempo y autora, Ann Arbor, Míchigan, EE. UU.**

Como padre primerizo y cofundador de una empresa en crecimiento, el timeboxing se ha vuelto una parte esencial de mi vida. Entre atender las necesidades de nuestro bebé y dar prioridad al tiempo en familia y las comidas, sé que debo organizar mis actividades laborales, creativas e informáticas en ventanas de tiempo predeterminadas en mi calendario.

Estos límites son sumamente útiles porque me indican que, si quiero lograr algo, debe hacerse dentro de esas ventanas. Me motiva muchísimo saber que, si no lo completo a tiempo dentro del plazo establecido, tendrá repercusiones para los elementos posteriores.

—**Adam Fishman, cofundador de Onora, Boston, EE. UU.**

Para un diseñador, resulta bastante sencillo caer en ciclos interminables de ajustes en la búsqueda de esa perfección conceptual que parece eludirnos. Sin embargo, después de pasar casi una década dedicado al diseño de productos tecnológicos de lujo para el mundo de la alta costura, he descubierto que la clave para un trabajo rápido y eficiente radica en el timeboxing dinámico. En esta industria tan volátil, los extensos ciclos de producción simplemente no son suficientes, y la reactividad es tan crucial como la proactividad. En lugar de establecer límites de tiempo estáticos, opto por usar timeboxes variables que se ajusten a las restricciones del proyecto y a las necesidades cambiantes. Este enfoque flexible me asegura que estoy priorizando y enfocándome en las cosas correctas en el momento adecuado.

Nuestro estudio opera con agilidad al implementar un proceso colaborativo continuo desde los diseños preliminares para alinear de manera interna al equipo; eso nos permite lanzar productos con rapidez sin perder toda la esencia de nuestra visión. Los detalles se perfeccionan en etapas posteriores mediante iteraciones rápidas impulsadas por la retroalimentación del cliente. El lujo demanda perfección, sí, pero también valora la rapidez y la novedad. Gracias a los timeboxes dinámicos, ofrecemos ambas cosas y aprovechamos las tendencias fugaces mientras mantenemos estándares de calidad intransigentes. ¡Volamos como mariposas, picamos como abejas!

—Daniel Lazzari, director ejecutivo de arte, Bressan Design Studio, Milán, Italia.

En el dinámico ámbito del diseño de prototipos de productos en China, mantener la mente clara puede ser todo un desafío. En mi experiencia, el timeboxing ha sido el nexo entre la eficiencia y el *mindfulness*.

En nuestro innovador entorno de trabajo, el ajetreo que generan los proyectos y los plazos puede abrumarnos con facilidad. Sin embargo, el timeboxing nos permite desglosar las tareas y enfocar la atención en el momento presente. Este enfoque no solo optimiza el trabajo, sino que también nos ayuda a calmar los nervios y centrar la mente. Así como el *mindfulness* nos enseña a estar presentes, el timeboxing dirige nuestra energía hacia la tarea en cuestión y disminuye los pensamientos dispersos y la ansiedad que puedan surgir.

—Zhang Chi-Yang, 张驰洋 dueño de The AA Bookstore, Chengdu, China.

Uso la técnica del timeboxing para mantener mi enfoque y productividad. Establezco límites temporales para gestionar mis correos electrónicos en dos bloques de sesenta minutos a lo largo del día, de esa manera evito las interrupciones durante las reuniones. Además, lo aplico a actividades fundamentales para mi bienestar, como una rutina de entrenamiento de fuerza de treinta minutos cuando me despierto y una carrera antes de comenzar la jornada laboral. Este enfoque me ayuda a mantenerme bien descansado, saludable y lleno de energía, lo cual me permite ser más eficiente en mi trabajo.

—Lapo Mori, socio en McKinsey & Company, Denver, Colorado, EE. UU.

La implementación del timeboxing ha transformado la manera en que gestiono mi semana laboral, ya que me proporcionó un marco estructurado y coherente para administrar mi tiempo de forma eficaz. Al adoptar el método, he notado mejoras significativas en mi productividad, una disminución de la presión y una mayor concentración en las tareas de mayor valor añadido. Los beneficios van más allá de mi experiencia personal; mi equipo también ha incorporado este método, lo que ha resultado en mejoras notables en nuestra eficiencia colectiva.

Nuestro equipo de talento está distribuido por todo el mundo, con miembros en Canadá, Senegal, Ghana, Ruanda, Uganda, Kenia y Sudáfrica. Y, por lo tanto, a veces enfrentamos desafíos relacionados con las extensas jornadas laborales y el alto volumen de actividades de contratación. La visibilidad limitada de los calendarios entre los miembros del equipo y otros colegas dentro de la organización a veces generaba que se duplicaran o superpusieran las reuniones. Las listas de tareas pendientes convencionales presentaban algunas deficiencias para abordar estos problemas. Sin embargo, el timeboxing digital, facilitado mediante nuestros calendarios compartidos de Outlook, se ha convertido en una solución valiosa que nos permite priorizar tareas, obtener claridad sobre nuestros objetivos y asignar franjas horarias específicas para completar actividades importantes.

—Carol Hondonga, directora global de talento, Fundación Mastercard, Kigali, Ruanda.

Tengo un calendario compartido y sincronizo mis compromisos laborales y personales con los de mi esposa. Establezco una serie de bloques semanales inamovibles para las actividades recurrentes. A diario, dedico quince minutos a hacer yoga y treinta minutos a hacer ejercicio por la mañana, reviso las noticias y las redes sociales, y luego comparto tiempo con mis hijos. Cada semana, me enfoco en redactar resúmenes y boletines, realizar ilustraciones, almorzar con mi esposa y participar en alguna actividad con los niños.

Si surge algún imprevisto, ajusto mi timebox. Por ejemplo, si un día no puedo revisar mis artículos temprano en la mañana, ya sé que para eso necesito treinta minutos, así que elijo el próximo momento disponible.

Además, mantengo una lista en Todoist de otras tareas que quiero abordar durante la semana, sin ningún compromiso específico. Cuando tengo tiempo, selecciono una y trabajo en ella durante treinta a sesenta minutos. Después de ese período, me tomo un descanso de cinco a diez minutos y suelo dar un paseo a la cocina o al aire libre.

Cuando estoy enfocado en mi trabajo, dejo mi móvil en otra habitación para aumentar la fricción cuando siento la urgencia de consultarlo. Desde las 19:00, dejo a mi móvil «dormir» en un armario y me concentro solo en mis hijos. No lo vuelvo a agarrar hasta las 5:00 del día siguiente.

A pesar de todo esto, los niños, el trabajo y, en especial, las distracciones personales entran en juego, así que de ninguna manera llevo una vida «perfectamente controlada». 😊

—**Roberto Ferraro, director de integración, CaixaBank, Barcelona, España.**

Notas

1. Markovitz, Daniel (2012), «To-Do Lists Don't Work», en *Harvard Business Review* «https://hbr.org/2012/01/to-do-lists-dont-work»

2. Zao-Sanders, Marc (2018), «How Timeboxing Works and Why It Will Make You More Productive», en *Harvard Business Review* «https://hbr.org/2018/12/how-timeboxing-works-and-why-it-will-make-you-more-productive»

3. «https://www.tiktok.com/@timeboxmedia»

4. Pignatiello, Grant A. *et al.* (2018), «Decision Fatigue: A Conceptual Analysis», en *J Health Psychol* «https://www.ncbi.nlm.nih.gov/pmc/articles/PMC6119549/»

5. «www.filtered.com»

6. Aldous Huxley plantea en este vídeo de 1958 que la combinación de la tecnología y el crecimiento poblacional restringe la libertad: https://www.youtube.com/watch?v=alasBxZsb40

7. Kant, Emanuel (1946), *Fundamentación de la metafísica de las costumbres*, Espasa Calpe, Madrid.

8. Tracy, Brian, «Eat That Frog, Explained by Brian Tracy», en *Brian Tracy International* «https://www.briantracy.com/blog/time-management/the-truth-about-frogs/»

9. Todo excepto delegar y usar tecnología.

10. Gollwitzer, Peter M. (1999), «Implementation Intentions: Strong Effects of Simple Plans», en *American Psychologist* «https://doi.org/10.1037/0003-066X.54.7.493»

11. Paterson, Abigail *et al.* (2023), «Evidence that Implementation Intentions Reduce Self-Harm in the Community», en *British Journal of Health Psychology* «https://bpspsychub.onlinelibrary.wiley.com/doi/10.1111/bjhp.12682»

12. «Executive Assistant Demographics and Statistics in the US», en *Zippia* «https://www.zippia.com/executive-assistant-jobs/demographics/»

13. «The Definitive 100 Most Useful Productivity Tips», en *Filtered* «https://learn.filtered.com/hubfs/Definitive%20100%20Most%20Useful%20Productivity%20Hacks.pdf»

14. Ecos de la pregunta de George Berkeley, aún sin respuesta después de trescientos años: «Si un árbol cae en un bosque y no hay nadie para escucharlo, ¿hace ruido?».

15. «How Can You Make Time Last Longer?», en *Radio 4 in Four*, BBC Sounds «https://www.bbc.co.uk/sounds/play/p041vcb6»

16. «https://www.youtube.com/watch?v=ideZXg-TLz8»

17. El uso del timeboxing puede extenderse con facilidad para incorporar diversas formas de llevar un diario, utilizando, por ejemplo, el espacio de Notas.

18. «Mental Health at Work», en World Health Organisation (2022) «https://www.who.int/news-room/fact-sheets/detail/mental-health-at-work»

19. Hajloo, Nader (2014), «Relationships Between Self-Efficacy, Self-Esteem and Procrastination in Undergraduate Psychology Students», en *JPBS* «https://www.ncbi.nlm.nih.gov/pmc/articles/PMC4359724/»

20. Aeon, Brad *et al.* (2021), «Does Time-Management Work? A Meta-Analysis», en *PLoS One* «https://www.ncbi.nlm.nih.gov/pmc/articles/PMC7799745/»

21. Fitz, Nick (2019), «Batching Smartphone Notifications Can Improve Well-Being», en *Computers in Human Behaviour* «https://www.academia.edu/36928325/Batching_smartphone_notifications_can_improve_well_being»

22. «www.theguardian.com/on-my-terms/2022/sep/01/its-past-your-worry-time-four-ways-to-stop-overthinking-and-enjoy-yourself»

23. Steckermeier, Leonie C. (2021), «The Value of Autonomy for the Good Life. An Empirical Investigation of Autonomy and Life Satisfaction in Europe», en *Soc Indic Res* «https://link.springer.com/article/10.1007/s11205-020-02565-8»

24. «https://www.instagram.com/reel/Cnitexrhs7K/?igshid=YmMyMTA2M2Y%3D»

25. Smith, Ray A. (2023), «Workers Now Spend Two Full Days a Week on Email and in Meetings», en *The Wall Street Journal* «https://www.wsj.com/articles/workers-say-its-harder-to-get-things-done-now-heres-why-2a5f1389»

26. Levitin, Daniel J. (2015), «Why the Modern World is Bad For Your Brain», en *The Guardian,* «www.theguardian.com/science/2015/jan/18/modern-world-bad-for-brain-daniel-j-levitin-organized-mind-information-overload»

27. «https://ecal.com/70-percent-of-adults-rely-on-digital-calendar/»

28. Drucker, Peter F. (2004), «What Makes an Effective Executive», en *Harvard Business Review* «https://hbr.org/2004/06/what-makes-an-effective-executive»

29. Cal Newport señala las interpretaciones erróneas del artículo de 1955 de Parkinson, pero yo me centraré en la famosa cita mal atribuida, que ha capturado la imaginación durante los últimos setenta años. «https://www.calnewport.com/blog/2008/06/11/debunking-parkinsons-law/»

30. Brannon, Laura A. *et al.* (1999), «Timeless Demonstrations of Parkinson's First Law», en *Psychonomic Bulletin & Review* «https://www.researchgate.net/publication/11189704_Timeless_demonstrations_of_Parkinson's_first_law»

31. Aronson, Elliot *et al.* (1967), «Further Steps Beyond Parkinson's Law», en *Journal of Experimental Social Psychology* «https://www.sciencedirect.com/science/article/abs/pii/0022103167900297»

32. M. Tice, Dianna *et al.* (1997), «Longitudinal Study of Procrastination, Performance, Stress, and Health», en *Psychological Science* «https://psycnet.apa.org/record/1997-43695-008»

33. De Paola, Maria, y Gioia, Francesca (2014), «Who Performs Better Under Time Pressure?», en *IZA* «https://docs.iza.org/dp8708.pdf»

34. American Psychological Association (2006), «Multitasking: Switching Costs» «https://www.apa.org/topics/research/multitasking»

35. «https://www.nhtsa.gov/risky-driving/distracted-driving»

36. Buchholz, Katharina (2022), «Which Countries Spend the Most Time on Social Media?», en *World Economic Forum* «https://www.weforum.org/agenda/2022/04/social-media-internet-connectivity/»

37. «https://markmanson.net/are-you-not-entertained»

38. «https://www.eurekalert.org/news-releases/883606»

39. Zao-Sanders, Marc (2018), «How Timeboxing Works and Why It Will Make You More Productive», en *Harvard Business Review* «https://hbr.org/2018/12/how-timeboxing-works-and-why-it-will-make-you-more-productive»

40. Al parecer, el azul aumenta la creatividad: (2009), «Effect of Colours: Blue Boosts Creativity», en *University of British Columbia* «https://www.sciencedaily.com/releases/2009/02/090205142143.htm#:~:text=Effect%20 0f%20Colors%3A%20Blue%20Boosts,Attention%20To%20Detail%20 %2D%2D%20ScienceDaily»

41. (2016), «What Are Your Chances of Living to 100?», en *Office for National Statistics* «https://www.ons.gov.uk/peoplepopulationandcommunity/ birthsdeathsandmarriages/lifeexpectancies/articles/ whatareyourchancesoflivingto100/2016-01-14»

42. Gillett, Rachel (2016), «People Over 65 Shared Their Greatest Regret in Life», en *Independent* «https://www.independent.co.uk/life-style/health-and-families/features/people-over-65-shared-their-greatest-regret-in-life-the-most-common-one-may-surprise-you-a6800851.html»

43. Crow, Sarah, y Schulz, Dana (2023), «50 Regrets Everyone Has Over 50», en *BestLife* «https://bestlifeonline.com/most-common-regrets/»

44. Pawlowski, A. (2017), «How to live life without major regrets», en *Today* «https://www.today.com/health/biggest-regrets-older-people-share-what-they-d-do-differently-t118918»

45. «https://www.independent.co.uk/life-style/health-and-families/features/ people-over-65-shared-their-greatest-regret-in-life-the-most-common-one-may-surprise-you-a6800851.html»

46. «https://news.microsoft.com/2008/01/14/survey-shows-increasing-worldwide-reliance-on-to-do-lists/»

47. Choi, Janet (2021), «How to Master the Art of To-Do Lists by Understanding Why they Fail», en *IDoneThis* «http://blog.idonethis.com/how-to-master-the-art-of-to-do-lists/»

48. Purtill, Corinne (2022), «The New Science of Forgetting», en *Time* «https://time.com/6171190/new-science-of-forgetting/»

49. «https://www.campaignmonitor.com/resources/knowledge-base/how-many-emails-does-the-average-person-receive-per-day/»

50. «https://www.newswiretoday.com/news/76151/New-Survey-Reveals-Average-Brit-Has-27-Conversations-Every-Day/»

51. Kahneman, Daniel (1977), «Intuitive Prediction: Biases and Corrective Procedures», en *Advanced Decision Technology Program* «https://apps.dtic.mil/dtic/tr/fulltext/u2/a047747.pdf»

52. El famoso chef británico del timeboxing: «https://www.jamieoliver.com/recipes/category/books/jamies-30-minute-meals/» (en español: Oliver, Jamie (2011), *Las comidas en 30 minutos de Jamie*, RBA Libros).

53. (2019), «Why You Should Skip the Easy Wins and Tackle the Hard Task First», en *KelloggInsight* «https://insight.kellogg.northwestern.edu/article/easy-or-hard-tasks-first»

54. Lieber, Mark (2018), «Night Owls Have 10% Higher Mortality Risk», en *CNN Health* «https://edition.cnn.com/2018/04/12/health/night-owl-mortality-risk-study/index.html»

55. Schur, Carolyn (2023), «Night Owls», en *Alert@Work* «https://alertatwork.com/percentage-of-night-owls-early-birds-and-intermediates-in-the-general-population»

56. Connley, Courtney (2021), «The Simple Trick Steve Jobs Followed to Be "Most Productive"», en *CNBC Make It* «https://www.cnbc.com/2021/05/27/steve-jobs-former-assistant-on-what-he-did-to-be-most-productive.html»

57. Mo Selim: «https://vimeo.com/226508728»

58. Voltaire (1772), *La Begueule*.

59. Ferrari, Joseph F. *et al.* (2020), «"Procrastination", Encyclopedia of Personality and Individual Differences», en *Springer, Cham.* «https://link.springer.com/referenceworkentry/10.1007/978-3-319-24612-3_2272»

60. *Psychological Bulletin*, vol. 133, N.° 1.

61. Ver página 269.

62. «https://www.youtube.com/watch?v=vJG698U2Mvo»

63. Schumacher, Eric H *et al.* (2001), «Virtually Perfect Time Sharing in Dual-Task Performance», en *Psychological Science* «https://journals. sagepub.com/doi/pdf/10.1111/1467-9280.00318»

64. Lui, Kelvin F. H. *et al.* (2012), «Does Media Multitasking Always Hurt?», en *Psychon Bull Rev* «https://pubmed.ncbi.nlm.nih. gov/22528869/»

65. Clear, James, «How to Build New Habits by Taking Advantage of Old Ones», en *Habit Stacking* (https://jamesclear.com/habit-stacking) donde Clear acredita a Fogg por la idea.

66. El discurso de Sam Harris, «Death and the Present Moment», en la Global Atheist Convention, abril 2012.

67. (2021), «Research Proves Your Brain Needs Breaks», en *Work Trend Index, Microsoft* «https://www.microsoft.com/en-us/worklab/work-trend-index/brain-research»

68. Emanuel Kant, el filósofo, era fan de esto.

69. Esto podría incluir una visualización, ejercicios de respiración, repasar tus notas, ensayar y afirmaciones positivas.

70. Kaplan, R. J. *et al.* (2001), «Dietry Protein, Carbohydrate and Fat Enhance Memory Performance in Healthy Elderly», en *Am J Clin Nutr* «https://pubmed.ncbi.nlm.nih.gov/11684539/»

71. Thompson, Derek (2014), «A Formula for Perfect Productivity», en *The Atlantic* «https://www.theatlantic.com/business/archive/2014/09/ science-tells-you-how-many-minutes-should-you-take-a-break-for-work-17/380369/»

72. Alves, Christiano R. R. *et al.* (2014), «Influence of Acute High-Intensity Aerobic Interval Exercise Bout on Selective Attention and Short-Term Memory Tasks», en *Perceptual and Motor Skills* «https://journals.sagepub. com/doi/abs/10.2466/22.06.PMS.118k10w4»

73. (2011), «Brief Diversions Vastly Improve Focus», en *Science Daily* «https://www.sciencedaily.com/releases/2011/02/110208131529.htm»

74. Irish, Leah A. *et al.* (2015), «The Role of Sleep Hygiene in Promoting Public Health: A Review of Empirical Evidence», en *Sleep Medicine Reviews* «https://www.sciencedirect.com/science/article/abs/pii/ S1087079214001002?via%3Dihub»

75. Si te interesa conocer la historia y la ciencia que respaldan estas suposiciones, te sugiero leer *Por qué dormimos* de Matthew Walker o *Life Time* de Russell Foster.

76. Boubekri, Mohamed *et al.* (2014), «Impact of Windows and Daylight Exposure on Overall Health and Sleep Quality of Office Workers», en *JCSM* «https://jcsm.aasm.org/doi/10.5664/jcsm.3780»

77. Alshobaili, Fahdah A. *et al.* (2019), «The Effect of Smartphone Usage at Bedtime on Sleep Quality among Saudi Non-Medical Staff at King Saud University Medical City», en *JFMPC* «https://www.ncbi.nlm.nih.gov/pmc/articles/PMC6618184»

78. En términos simples, la tecnología se define como la aplicación práctica del conocimiento.

79. Shortsleeve, Cassie (2022), «A Guide to Doing Nothing for People Who Are Really Bad At It», en *Self* «https://www.self.com/story/guide-to-doing-nothing»

80. "Threads Hit 100 Million Users in Five-Day Record Surge", Aljazeera, 2023 «https://www.aljazeera.com/news/2023/7/10/threads-hits-100-million-users-in-five-days-in-record-surge»

81. Hu, Krystal (2023), «ChatGPT Sets Record», en *Reuters* «https://www.reuters.com/technology/chatgpt-sets-record-fastest-growing-user-base-analyst- ote-2023-02-01/»

82. Zao-Sanders, Marc (2023), «The Most Frequently Used English Noun», en *One Thing at a Time* «https://marczaosanders.substack.com/p/the-most-frequently-used-english»